从容养育 读懂孩子的情绪

未来树 卡酷传媒 编 著　　李兆良 主 编

编委会

王明姬　叶　壮　闫红娟　赵志豪

江苏凤凰科学技术出版社 · 南京

图书在版编目（CIP）数据

从容养育. 读懂孩子的情绪 / 未来树，卡酷传媒编著 ; 李兆良主编. -- 南京 : 江苏凤凰科学技术出版社，2022.1
ISBN 978-7-5713-2439-1

Ⅰ. ①从… Ⅱ. ①未… ②卡… ③李… Ⅲ. ①儿童教育—家庭教育 Ⅳ. ①G782

中国版本图书馆CIP数据核字(2021)第202217号

从容养育　读懂孩子的情绪

编　　著	未来树　卡酷传媒
主　　编	李兆良
责任编辑	祝　萍　冼惠仪
责任校对	仲　敏
责任监制	方　晨
出版发行	江苏凤凰科学技术出版社
出版社地址	南京市湖南路1号A楼，邮编：210009
出版社网址	http://www.pspress.cn
印　　刷	佛山市华禹彩印有限公司
开　　本	700mm×1000mm　1/16
印　　张	16
字　　数	19 800
版　　次	2022年1月第1版
印　　次	2022年1月第1次印刷
标准书号	ISBN 978-7-5713-2439-1
定　　价	59.80元

PREFACE

推荐序

作为一名儿童节目主持人，我一直认为自己对孩子的“察言观色”能力是非常不错的。作为一位 7 岁孩子的妈妈，我也自认为能与孩子做“朋友式”母女，这是一件令我尤为满意的事情。

直到遇见未来树和卡酷传媒联袂打造的这本书——《从容养育 读懂孩子的情绪》，我才顿然醒悟，原来“放松”和“从容”才是教育的关键词。

孩子不开心了，发脾气了，今天心里有点闷堵……其实，我们一直都在努力解读孩子表面的情绪，而他们情绪行为背后的原因及含义，我们却往往忽视了。

因为对应孩子每一种情绪的当下，我们更倾向于解读自己的情绪。比如我们经常会在孩子有小情绪的时候对他说，“妈妈生气了。你听着，妈妈现在真的非常生气……”“你现在必须……立刻……马上去做，否则我会很生气，要惩罚你了”。

还比如，当邻居或者朋友家的孩子比自己家孩子更优秀时，我们也会不自觉地陷入一种焦虑情绪中，恨不得让孩子快点追赶上去，变得一样优秀。

可见，我们家长的情绪反应对照到孩子的情绪反应上，表现得太快了。我们应该在读懂孩子的情绪之后，再思考解决方法，而不是被孩子的情绪与自己的情绪所掌控，这样自然没办法做到从容对待、从容养育。

因此，未来树和卡酷传媒在联合打造这本书的同时，会在书中赋予孩子的情绪各种颜色密码，也会用各种小测试和场景对话来展示孩子的情绪来源，以及给出最合适的解决方案。

当读懂孩子快乐的情绪和努力的过程时，我们会感受到赞美的神奇作用。

当读懂孩子孤独的情绪和独处的能力时，我们会感受到思索的快乐。

当读懂孩子抵触的情绪和发脾气的原因时，我们会感受到共情与宽容带来的亲子温暖。

其实，每一个孩子都是一本读不完的书，每一个孩子都是一个小小的宝藏，等待他们最亲爱的父母去挖掘，去读懂，去深爱，去发现，去激励，去赞美……

所以，亲爱的家长朋友，请给孩子留出足够的空间，努力去读懂孩子情绪背后的原因，陪伴他们健康成长。让幸福的童年帮助他们建立幸福的人生观，活出属于自己的幸福人生吧。

卡酷少儿卫视主持人 彩虹姐姐

2021 年 9 月

PREFACE

序

著名学者彼得·伊利亚德曾说：“今天，我们如果不生活在未来，那么未来，我们将生活在过去。”用在教育上，这句话同样恰当。如果我们现在的教育不能为孩子未来奠定良好的基础，那孩子成年后，很可能会被全新的社会抛弃。未来，社会需要怎样的人才？

美国作家丹尼尔·平克是全球畅销书《全新思维》的作者，他对未来的人才发展做出趋势预测，认为世界正由信息时代进入概念时代，未来的人才必须具备高概念能力和高感性能力。

高概念能力指的是富有审美能力和创造力，能写出优美文章，能将看似毫无关系的事物融合创新。高感性能力指的是拥有丰富情感并能理解别人，擅长人际交往，拥有生活乐趣并感染别人，积极探索生命真谛和意义。

显然，未来需要的两大核心能力之一的高感性能力，与我们的情绪管理能力密切相关。不在成功时得意忘形，不在失意时自怨自艾，不在平淡时消沉颓废，不在忙碌时烦躁焦虑，不会终日陷于情绪不可自拔。身为家长，我们的努力方向不正是将孩子培养成自己情绪的主宰，让他们更适应未来社会的需要吗？

然而，在现实生活中，很多家长会抱怨自家孩子脾气倔、爱发火，有的孩子发脾气时，甚至出现自虐、自残等行为。遇到这种情况，家长要么无可奈何，就着孩子的脾气，助长其通过发脾气来达成目的的坏习惯；要么不自觉地陷入与孩子的情绪大战，非要“制伏”对方不可，引发亲子冲突，导致误会升级。

作为从业多年的心理学者，我有幸陪伴上千个家庭的蜕变和成长，见证了那些学会控制情绪的孩子是如何应对各种挑战、实现人生逆袭，从而绽放青春光彩的。可惜，很多家长明知道情绪管理很重要，却控制不好自己的情绪，成为孩子的错误示范，也缺少指导孩子控制情绪的科学方法。

《从容养育 读懂孩子的情绪》这本书的出现，能帮助这些家长解决上述问题。全书共七章，每一章都从各种小测试开始，逐一分析孩子叛逆、愤怒、恐惧、悲伤、自卑、不安这六种负面情绪背后的含义，帮助家长正确理解每种情绪的价值，深入解读孩子爱顶嘴、发脾气、紧张退缩、不知所措等问题行为的根源。

这些小场景几乎在每个家庭都出现过，所以家长读起来感觉很亲切，就像在说自家故事。书中给出的清晰又轻松易懂的情绪管理建议，也会让家长忍不住看完书就要在孩子身上尝试一下。

希望这本书不仅能帮助家长停止吼叫，真心接纳孩子的负面情绪，指导他提高情绪管理的能力，更能引起家长对自身情绪控制的反思，逐渐修炼成一位从容的养育者。

央视网少儿守护人专家团成员 王明姬

2021 年 9 月

CONTENTS
目录

Chapter 1 以心读心，让孩子敞开心扉来对话

Chapter 2 叛逆，是孩子要求独立自主的宣言

Chapter 5 悲伤与低落，是孩子对压力的不知所措

Chapter 6 自卑感，是孩子强悍外表下的掩饰

Chapter 7 安全感，是孩子面对世界的心理防卫

Chapter 1

以心读心，让孩子敞开心扉来对话

小测试

>>> The Test

看看你对孩子行为的情绪反应

在孩子闹情绪时，你的反应常常是：

A 用事物与孩子交换，让孩子收起情绪

- “别哭了，妈妈带你去买冰淇淋吃。”
- “来，爸爸带你去动物园，不要再发脾气啦。”
- “你再这个样子，我就不让你出去玩了！”

B 不分缘由地责备、训斥或惩罚孩子

- “你这样像个男孩子吗？真丢人！”
- “你再吵，我就要打你了！”
- “你自己做错事还耍脾气，想挨打吗？”

C 让孩子自己慢慢冷静

- “回你自己的房间吧，等气消了再出来！”
- “你爱哭就哭个够吧！哭够了再来找我。”

小测试

>>> The Test

D

不理会孩子的情绪反应，喋喋不休地唠叨

- “人总会遇到不如意的事嘛。妈妈像你这么大的时候，已经会照顾自己。你想想，爸爸妈妈在你身上花了多少心血……”

E

关心孩子出于什么而不开心或者发脾气

- “宝贝，你看起来不太高兴，能告诉我发生什么事了吗？”

测试结果与分析

A “交换型”家长

你认为负面情绪有害。当孩子有负面情绪时，你就努力把世界“修补”好，却忽略了孩子更需要的是理解和慰藉。

看到家长的反应后，孩子会对自己产生怀疑：“既然这不是什么大不了的事情，为什么我的感受这么差？”次数多了，孩子会变得缺乏自信，容易产生很大的压力。

小测试

>>> The Test

B “惩罚型”家长

孩子常常由于表达悲伤、愤怒和恐惧而受到你的责备、训斥或惩罚。你以为这样能锻炼孩子培养出一个好脾气，或者能够让孩子变得更坚强。

惩罚则可能使孩子感受到耻辱、痛苦、被抛弃或受虐待。长大后面对人生的挑战时，这类孩子会显得力不从心。

C “冷漠型”家长

你接受孩子的负面情绪，既不否定也不责骂，而是“不干涉”，让孩子自己想办法去宣泄、冷静。

因为没有家长的积极引导，愤怒的孩子可能会变得有侵略性，用伤害别人的方式来发泄；伤心的孩子会尽情地、长时间地哭闹，不知道怎样去安慰自己和排解情绪。

小测试

>>> The Test

D “说教型”家长

你以为孩子只要明白了道理，负面情绪就会消失，所以你热衷于滔滔不绝地讲道理。

此时，孩子感到的是孤单无助，仿佛身处无人之境，要独自面对负面情绪带来的痛苦；而家长喋喋不休的训导，只会令他苦上加苦。

E “情商型”家长

情商型家长善于发现和感受孩子的情绪。看到孩子流泪时，能设身处地地想象孩子的处境，并且能感受到孩子的悲痛；看到孩子生气时，他们也能感受到孩子的挫败感与愤怒。

因为家长的接受与分享，孩子感到身边有可以信赖的支撑，所以更有信心学习怎样处理面临的问题。

第 1 节

走进孩子的内心，先认识这 6 种情绪

- 快乐、焦虑、悲伤
- 害怕、嫉妒、生气

导语

俗话说：“六月的天，小孩的脸，说变就变了。”孩子的情绪不仅真实，而且复杂、多变。情绪不仅会影响孩子的行为，还会影响他们的认知。相关研究证明，及早接受情绪管理训练的孩子，不仅学业比较出色，而且人际关系和社交能力比其他同龄孩子要强。因此，帮助孩子从小学会识别、管理情绪，培养良好的自控能力，尤为重要。

家长如何识别孩子的各种情绪

3～6 岁年龄段是孩子形成稳定情绪的关键期。家长指导得法，孩子将来职场情商高，大家都会愿意与之共事。如此，孩子得到的机会更多，也有利于其职业上的晋升与社交圈的拓宽。

家长从心理学角度去了解孩子的特征，解读孩子的情绪特点，挖掘孩子各种负面情绪背后的原因，找出应对方案，对于提升孩子的情绪管

理能力，帮助其形成良好的心理品质，更健康地成长，从而赢得更精彩的未来，至关重要。

孩子能识别出的情绪越多，越能清晰地表达；而准确地表达自己的情绪，就是其开始学会处理情绪的开端。能表达，才能好好沟通，才能用心去想办法。有时候，只需要及时表达出来，情绪问题就会迎刃而解。

认识快乐

↓

黄 色

>>> 快乐，通常用黄色来代表

孩子能识别快乐的情绪，如开心、高兴、愉快、欢喜和满意等。这些情绪基本是相似的。

妈妈买了新的飞机玩具，孩子很开心；老师表扬画的图很不错，孩子很快乐；跟爸爸妈妈一起去麦当劳，孩子很高兴等。快乐是一种追求并达到目的时所产生的满足体验。

快乐的程度取决于愿望满足时的意外程度。当孩子感到快乐时，他会抑制不住地笑啊、跳啊、叫啊，笑容满面，连走路也是连蹦带跳的。他禁不住地想把自己的快乐分享给其他人。

>>> 小课堂

这时，家长应及时告诉孩子，这种感觉就是快乐、开心、高兴。快乐是一种正向的情绪。心理学家建议把快乐和黄色联系在一起，可以将快乐想象成金色的阳光普照大地。

认识焦虑
↓
灰 色

>>> 焦虑，通常用灰色来代表

孩子常见的焦虑是和家长分离，比如刚入园时就很焦虑。面对新环境，他会感到紧张、不安，心里有着对未知的担忧，因此产生强烈的不适感，希望回到之前熟悉的环境中。

其实，焦虑中带有恐惧的成分，但不如恐惧的情绪强烈。恐惧的对象是明确的，比如游动的蛇、狂吠的狗、想象出来的长着犄角的怪兽等。而焦虑常常是一种不确定感，不知道之后会发生什么事，内心很不安宁，无法踏实下来。

>>> 小课堂

当孩子情绪平静后，家长要告诉孩子，之前的那种感觉叫做“焦虑”，就像刚去一个新地方，心里不踏实一样。焦虑是一种负面情绪。长期焦虑，对孩子的心理健康是不利的。家长要设法引导孩子，消除其内心的不确定感。

认识悲伤
↓
蓝 色

>>> 悲伤，通常用蓝色来代表

孩子因为心爱的物品损坏、喜欢的小动物死去、期待的目标没能实现等，都会产生悲伤的情绪。

悲伤的情绪温和而轻柔，像雾蒙蒙的下雨天。孩子忧伤的时候也许想哭，也许想一个人静静地待着，不被打扰。

悲伤有不同的程度，这跟孩子对某人、某事的依存和重视程度密切相关。

悲伤的程度	情绪	举例
最低程度的悲伤	遗憾	孩子画画时最后一笔画歪了一点，觉得美中不足，感到遗憾
比遗憾的程度稍微深一点	难过	孩子非常喜欢的遥控飞机摔坏了，会感到难过
比难过的程度再深一点	失望	妈妈答应周末带孩子去麦当劳，结果有事去不成，这时孩子会感到失望
比失望的程度更深	悲伤	陪伴孩子的小狗死了，孩子会很悲伤，甚至不舍得把小狗掩埋

孩子养了很久的小狗死了，他哭得很伤心。

宝贝，小狗死了，妈妈知道你很悲伤。

看着孩子的情绪有点平复，妈妈继续说道

小狗的一生很短暂，但它能有你这样的小主人，已经很幸福。

认识害怕

↓

黑 色

>>> 害怕，通常用黑色来代表

孩子害怕的事物很多，可以是黑夜、蛇、狗、老虎、医生或雷电，也可以是想象中的怪兽。

随着孩子自我力量的强大，对自然界事物认识的加深，他所害怕的事物会逐渐减少。孩子对每一种恐惧的克服，都是一次重要的成长经历。

由于害怕的情绪有些来自未知，心理学家喜欢把害怕和黑色联系在一起，比如黑夜里隐藏着孩子想象出来的怪物，使他感到害怕。

这样解读才正确

孩子害怕的时候，家长不要责怪他胆小。

这个时候，他是鼓不起勇气的。妈妈可以抱着他说："妈妈小时候也怕黑。之后，姥姥送了妈妈一只泰迪熊娃娃，让小熊晚上陪伴妈妈睡觉。这样，妈妈就不再害怕了。现在，妈妈把这只小熊送给你，让它陪着你吧。我和爸爸就在旁边，也会一直陪着你的。"

认识嫉妒

↓

橙 色

>>> 嫉妒，通常用橙色来代表

嫉妒是与他人比较的过程中，发现自己在财产、能力、名誉或待遇等方面不如别人而产生的一种情绪状态。

孩子看到爸爸妈妈、爷爷奶奶等疼爱别的幼儿时，会情绪失落，甚至跑过去拉扯、撕咬那个幼儿，这就是嫉妒情绪的反应。上幼儿园后，孩子与小朋友的接触多了，进行比较的机会增多，让他感到嫉妒的事情也会越来越多。

例如，某个小朋友的爸爸妈妈开着高级轿车来园接送，而他只能坐爷爷骑的三轮车上学；另一个小朋友有漂亮的文具盒，而他只有简陋的文具袋；老师今天又夸奖其他小朋友，想到老师好久没有夸夸自己了……孩子在幼儿园阶段会遭受很多嫉妒情绪的“折磨”，因此，其嫉妒的表现形式也随之丰富起来。

这样解读才正确

如果孩子咬牙切齿地说出某某同学的文具盒一点都不好看，家长就要及时跟孩子聊聊，告诉他这种情绪就叫嫉妒；告诉他每个同学都有不同的长处，一个人不可能什么都比别人强；要引导孩子与其他同学比一比交朋友、比一比讲卫生等，激发孩子的上进心，弱化他的嫉妒心。

认识生气

↓

红色

>>> 生气，通常用红色来代表

心理学家常常把生气和红色联系在一起。生气也有程度之分，轻微的生气只是有点不高兴，再重一点就是生气，更重的就是发火，最重的是难以抑制的勃然大怒。

生气和愤怒的情绪就像火焰，如果不加以控制，可能会烧毁周围的一切，一发不可收拾。

生气的情绪是非常容易识别的。例如，当孩子和小朋友玩玩具发生争执时，会皱起眉头，眼睛瞪得大大的，继而深吸一口气并憋着。其实这时，他已经在情绪愤怒爆发的边缘。

家长应引导孩子去捶打一下沙发，让他及时发泄出来。等孩子的情绪平静后，再引导他解决问题。

YES 场景

Tips

走进孩子未知的情绪世界，先来认识以上6种情绪——快乐、焦虑、悲伤、害怕、嫉妒、生气。

情绪没有好坏之分，但悲伤、生气等负面情绪积累起来，会对孩子的心理及身体健康带来伤害，因此，家长要进行积极的引导。

第 2 节

告别吼叫，稳定情绪这样做

- 多理解孩子
- 制定行为规范
- 多点耐心和爱心
- 引导孩子培养习惯
- 面对突发情况先问原因

导语

孩子不听话，上学的路上要这要那不肯走，做作业磨磨蹭蹭，看见玩具、零食就要买。

作为家长，一堆事情等着自己处理，孩子却一点也不让人省心，于是忍不住情绪爆发，吼了孩子一顿，事后又后悔不已。吼孩子和我们成人之间的沟通一样，很多时候都在重复。

孩子不想吃饭

你得赶紧吃，不然一会儿又饿了。我有很多事情要忙，顾不上你。

哄孩子吃，他还是不肯吃，于是妈妈生气了

快点吃，不吃晚上什么都没得吃！

做一个高效沟通的赋能型家长

此时，如何做才能告别吼叫，做一个高效沟通的赋能型家长？这里有 5 种方法推荐给大家。

家长要学会理解孩子

家长不能站在自己的角度看待孩子的行为，而要以孩子的视角看问题。比如，孩子不肯吃饭，可能出于以下原因：

- 下午加餐吃得太饱
- 饭菜不合胃口
- 试探家长的底线
- 有点厌食

通过培养习惯来贯彻对孩子的要求

家长常常认为自己跟孩子把要求说清楚了，孩子就能理解并记住，从而执行。于是，当孩子没有按自己的要求去做时，家长就会生气地吼孩子。孩子不是录音机，他能记住片言只语就不错了。要求他记住后还要执行？太难了。家长为此发脾气，反而显得没有道理。

如果家长希望孩子某一方面做得好，应该在这方面引导孩子培养良好的习惯。比如，希望孩子讲究卫生，家长应该这样教导孩子：

- 饭前便后要洗手
- 早晚要刷牙
- 保持房间干净整洁

通过制定行为规范来约束孩子的行为

家长不希望孩子做的事，要制定行为规范来约束他的行为，比如：

- 要爱护家里的物品，不能破坏
- 要和小朋友友好相处，不能打骂
- 要按作息时间生活，不能熬夜

建议带孩子一起制定行为规范，并贴到墙上，每天对照检查。

家长还要进一步了解孩子违规的原因，这后面常常隐藏着孩子的好奇心。比如孩子撅掉绿植，家长要问他原因，他可能只是想试试扦插绿植，看能不能养活。家长可以带孩子试验一下，鼓励他的探索行为。

面对突发情况，家长要先忍，再问具体情况

让孩子好好吃饭、不挑食时，孩子敌视般看着家长，突然把饭扣到桌子上。很多家长会立即火烧脑门。

- 朝孩子大吼："你干什么！揍死你这小子。"
- 忍不住拉起孩子，朝他屁股来几巴掌

其实，孩子出现突发情况，一定是有原因的，家长不要不分青红皂白就大吼大叫，甚至打骂孩子。

YES 场景

对待孩子，再多一点耐心和爱心

在一次视频采访里，妈妈和孩子互相给对方打分。妈妈对这个话题有很多话要讲。几位妈妈不约而同地数落起自家孩子，“他总是用袖子擦嘴巴，特别不好”“他就是不肯吃饭，不肯吃青菜”“他一天要哭五六次”。

妈妈打的分数有 5 分、7 分、8 分，但都没有满分 10 分的。

轮到孩子给妈妈打分。孩子对妈妈也有话说，但不是抱怨，而是满满的童真和爱，让人既温暖又感动。“我很爱我的妈妈”“我每天放学都想让她抱抱我”“我喜欢妈妈陪我玩”“她的脸像棉花糖一样”“她的头发很漂亮”。孩子打出的分数更是让人吃惊，每个孩子想都不想，立刻脱口而出：“给妈妈打 10 分！”

其实，比起那么小又那么爱妈妈的孩子，我们真的不能多一点爱心和耐心，不吼他们吗？

Tips

负面情绪不是洪水猛兽，它是孩子情绪体验中不可或缺的一环。正是在对从负面情绪的体验和调整中，孩子不断得到成长。

第 3 节

稳重、不急躁的孩子这样养成

- 多包容孩子
- 通过游戏引导
- 适当奖励孩子
- 多给孩子做表率
- 引导孩子理性表达

导语

性格急躁、情绪不稳，毫无疑问，对孩子将来的发展都很不利。这样的人常常急于求成，计划不充分，执行有遗漏，往往欲速则不达。社会上的成功人士，不论是企业家还是科研人员，大多行事周密，谋定而后动，几乎不会有情绪不稳定、急躁冒进的情况。

性格一旦形成，便很难更改。要想孩子长大后行事稳重、不急躁，家长需要从小培养。

孩子脾气急，试试对标这些原因

教养方式强化

家长或长辈过于溺爱孩子，尤其在隔代抚养中，溺爱现象非常普遍。孩子提出的任何要求，只要长辈能够做到的，都被无限满足。

一旦提的要求被压制或拒绝，孩子必然急躁，通过发脾气来强化自己的要求。长辈通常会先妥协以满足孩子的要求，如此，孩子急躁的情绪就被强化，最终变得性急爱发脾气。

后天习得

如果家人相互交流时常常粗声大气，说不上几句就争吵起来，孩子就会认为性子急是正常的，发脾气是一种有效的沟通方式。久而久之，爱发脾气会转化成自己的行为模式，孩子容易变成一个性急、爱发脾气的人。

YES 场景

语言沟通受阻

3 岁左右的孩子，语言能力发展尚不充分，遇到事情很难精确表达，容易被其他小朋友误解和拒绝，因此容易生气。对于这种情况倒无需过分担心，孩子长大后，这个语言沟通受阻的问题自然会消除。

受突发事件影响

如果孩子原本性格温和，近期突然变得爱发脾气，就要考虑孩子生活中是否遇到了什么突发事件，比如：

- 搬家
- 在幼儿园不开心
- 身体不舒服
- 家庭出现较大变故

这类事件在家长看来没有什么大不了的，却可能令孩子身心感到不舒服，从而变得烦躁。

疾病原因或先天气质原因

如果孩子患多动症，会明显比同龄孩子缺乏耐心，遇事急躁。这是由于孩子的中枢神经活化调节能力受损，前额叶区皮质功能不全，对冲动的控制能力较差，因而性急、脾气大。

有些孩子性情急躁，可能是因为他的先天气质属于急躁类型。这样的孩子比一般孩子更容易发脾气。

巧妙引导，培养情绪稳定的好孩子

家长多包容

如果孩子患病，或是先天气质原因，或是近期遭遇突发事件，导致情绪不稳、急躁，家长一定要多包容、接纳孩子。

Tips

让孩子充分感受家长的爱和家庭的温暖。当孩子情感需求得到满足时，他的内心就会变得比较平静，不那么容易发脾气了。

家长平时要为孩子做表率

家长是孩子的榜样。家长平时人际关系和谐，遇事心平气和，处理问题冷静、理智，孩子也会阳光开朗，不会无理取闹。如果家长性子急，动不动就发脾气，孩子也会有样学样。

这样解读才正确

为了孩子的健康成长，那些平时性急的家长朋友要努力控制自己的情绪。遇到让自己动怒的事情，先提醒自己做 3 次深呼吸，然后寻找一种不发火的处理方法。争取每次都这样做，从而给孩子营造温馨和谐的家庭氛围。

通过游戏巧妙引导

这里推荐几种实践效果非常好的游戏，如搭积木、钓鱼、串珠和骨牌等。搭积木需要孩子仔细观察，对其耐心和观察力都是很好的锻炼。孩子每完成一件作品，会很有成就感。

1

搭积木

搭积木是一项细致活，能锻炼孩子的手眼协调能力和耐心。孩子上学后，还可以继续鼓励他拼车模、船模等。

2

钓鱼

钓鱼游戏的趣味性很高，需要孩子注意力高度集中。要想把所有的鱼都钓上来，耐心必不可少。

3

串珠

串珠对孩子的专注力和耐心要求较高，要完成一件作品，必须集中精神，坚持到底。

4

骨牌

骨牌游戏的难度有高低之分，刚开始时可以弄得简单一些，让孩子喜欢上。玩着玩着，孩子的耐心自然培养出来了。

引导孩子理性表达情绪

如果孩子性情刚烈，遇到让其生气的事，可以让他发一通脾气，而不要压制他。家长应该适当加以引导，给孩子示范一些更理性、更无害的表达方式。

>>> 1

让孩子直接告诉对方，“你那么做，我很生气”“你要给我道歉，否则我不会原谅你”。

>>> 2

引导孩子到户外运动，比如打一场篮球。

>>> 3

把不满的情绪画在纸上，哪怕是胡乱地画一些线条，也会有一定的发泄效果。

适当奖励孩子

如果以前遇到什么情况，孩子会控制不住而发脾气，这次能控制住了，就是一个巨大的进步。家长要立即夸赞孩子做得好，并对孩子进行奖励，从而形成正向激励。

让孩子意识到，控制自己不发脾气是受欢迎的行为，自己是能够做到的。下次遇到类似情况，孩子就更能控制住自己的情绪了。

孩子乱发脾气时，简单的办法是把孩子单独留在房间里，作短暂的隔离。冷落他一会儿，让他有时间冷静下来重新考虑下一步该怎么做。如此反复几次，孩子就会知道自己乱发脾气、哭闹都毫无意义，慢慢就不再乱发脾气了。

Tips

面对孩子乱发脾气，如果家长采取打骂等方式，不仅会引起孩子情绪上更强烈的反抗，还会显示出家长不理智的处理态度。

第 4 节

积极情绪法则，让孩子做情绪小主人

- 及时询问原因
- 制定一定的规则
- 通过游戏引导
- 让孩子在实践中锻炼

导语

拿破仑说过：“能控制好自己情绪的人，比能拿下一座城池的将军更伟大。”可见，管理好自己的情绪不是一件容易的事。

人都有喜怒哀乐，孩子情绪化也是正常现象。情绪管理是一门大学问，家长要帮助孩子舒缓自己的情绪，感知自己的内心，并且学会用合适的方式表达自己的感受，从而真正成为情绪的小主人，不为情绪所左右。具体怎么做呢？这里有几条建议。

积极引导孩子，做情绪的小主人

发现孩子有情绪，及时询问原因

家长要时常关注孩子，看到孩子脸上有情绪，要及时询问原因。

家长用很关心的语气询问孩子

宝贝，我看到你很生气的样子，能告诉我谁惹你生气了吗？

家长蹲下来和孩子交心，引导他把心里话说出来

宝贝，你看起来很伤心，遇到什么事了？

孩子对情绪的认识不多，也没有足够和适当的文字描述出来。家长及时询问，可以帮助孩子把那种说不清楚的不适感转换成可以被具体化的情绪类别，引导孩子去捕捉内心的感受。比如：

你觉得果果冤枉你了，所以很生气，是吗？

明天要登台表演了，你很担心，怕自己演不好，是吗？

孩子的世界常常是黑白分明的，喜欢用对错来评判。如果孩子急于说出谁对谁错，并想具体说明是怎么回事时，家长可以用合适的语言把孩子引导回正常情绪上，而不被孩子牵着走。比如：

原来是这些让你不开心啊，告诉妈妈你心里是什么感觉吧。

哦，怪不得你会有这样的反应呢！现在你很生气，也很失望，是吗？

如果孩子想努力说出自己的情绪时，家长不要打断他，应该鼓励他继续说下去。孩子需要一些时间去表达自己的感受。当孩子能说出自己的感受以后，他的情绪就会大幅度缓和下来。因此，家长要给孩子一些耐心。

等孩子的情绪平静下来，再继续引导他说出事情的细节，这时孩子对细节的描述就不那么情绪化了。

制定规则，规范行为

规则是孩子健康成长的保护线。一个人所有的情绪都是可以被接受的，但并非所有的行为都可以被接受。比如：

- 孩子一生气就打人、骂人，甚至朝对方吐口水
- 孩子生气时，会随手抓起东西就乱砸

这些行为必须禁止，否则孩子将一直无法正确地处理自己愤怒的情绪，长大以后容易把人际关系弄僵。

家长要带孩子一起制定规则，把孩子的情绪导向如何运用规则来处理日常行为的正确路线上来。

Tips

网络上有现成的行为规范可以参考，例如一些儿童绘本里通常有提及。有了行为规则，孩子平时能对照着做，遇到问题不会着急发脾气，而是胸有成竹地应对，从而成为自己情绪的小主人。

家长可以带孩子一起制定以下行为规范，比如：

- 讲文明、懂礼貌
- 讲卫生
- 有时间观念
- 诚实守信，答应他人的事要做到，不说谎
- 同学之间互相尊重、团结互助、理解宽容、真诚相待，不以大欺小，不欺侮同学
- 遇到问题协商解决，不争吵，不乱发脾气，解决不了时向大人求助

通过游戏，教孩子练习

将行为规范贴在墙上是没有用的，孩子能落实到行动上，才能真正起作用。家长可以通过游戏的方式，陪伴孩子练习这些行为规范，让孩

子熟练掌握。

练习“遇到争执要讲道理”的规范时，爸爸模拟某个不讲道理的小朋友，把孩子的玩具抢走，但孩子不能打架，而应上前跟小朋友说“这个玩具是我的。如果你想玩，要礼貌地开口借，或用玩具跟我交换”。如果小朋友硬是要抢走，说“就不借，就要玩”，要让孩子请求老师来帮忙解决，这时，妈妈可以扮演游戏中的老师。

练习“小事要讲风格”的规范时，爸爸扮演小伙伴，奔跑时不小心踩到孩子了，此时引导孩子不要生气，并告诉对方“你踩到我了”。爸爸扮演的小伙伴说声“对不起”，引导孩子大度地回应“没关系”。

YES 场景

家长不能让孩子太“玻璃心”（心理太脆弱），否则孩子将来很难交到朋友，很孤独。最难的是练习“不要有嫉妒心”，因为导致孩子嫉妒的因素可能在很长时间内都难以改变。

比如，小伙伴有家长的高级轿车接送，孩子只有三轮车接送，孩子非常嫉妒，想在小伙伴家里的车上画一个大大的叉号。此时可以通过增强孩子的心理承受能力来解决。

家长可以带孩子学打球、下棋等竞技性活动，让孩子明白有输有赢很正常。家长可以制作一些卡片，根据孩子的特长，写上“成绩好”“画画好”“唱歌好”等，让孩子认识自己所长。

别人只有高级轿车一个优势，孩子自身却有很多优势，而且将来这些优势发挥的作用越来越大，孩子的嫉妒心就不那么强烈了。

在实践中锻炼

每天接孩子回家后，家长都要和孩子聊一聊今天有什么开心或不开心的事情，以及不开心的事情是怎么处理的，多听一听孩子的想法、做法和要求。

如果孩子处理得好，比如主动帮助别人，大方地说“没关系”，和小朋友交换玩具玩等，家长要好好夸赞一下孩子，拥抱他，也可以给他买点好吃的，以鼓励他类似的行为。即便孩子处理得不够好，比如今天又和牛牛吵起来了（牛牛太不讲道理），家长也要安慰孩子，认可他有很大进步，告诉他“下次试试这么做，也许效果会更好一些”。

Tips

需要特别说明的是，身教重于言传。孩子会模仿家长的行为，因此，家长要以身作则，即便没花多少精力去教育，孩子仍会品学兼优；孩子行为上有缺失的，家长要在自身上找找原因。平时一定要注意自己的言行，为孩子树立好榜样。

我的从容养育

养育内向孩子要避开这 5 大坑

● 养育内向孩子，要避开这 5 大坑。这些坑轻则影响孩子的心理状态，重则可能会毁掉孩子。

第一坑 强迫内向孩子变外向

只要是与人打交道，外向孩子似乎总是更受人欢迎。内向孩子就不一样了，他总是慢热。别人又唱又跳时，他脸上才开始有笑容，给人感觉很不合群，甚至不那么受欢迎。

于是，很多家长认为自家孩子的内向性格不好，逼着孩子变得更外向一些。这样的做法是徒劳的。其实，内向孩子和外向孩子一样，都有自己的优势。内向孩子爱读书、爱思考、做事更能坚持等。只要孩子的优势发挥出来，就可以成为有用之才，家长无需羡慕别人家的孩子外向。

第二坑　“人前教子”

我国传统育儿中有个错误观念是“人前教子”，结果“害”了不少孩子，留给家长很多痛苦的反思。如果想摧毁一个孩子，家长经常在众人面前批评他的缺点，让他没有反驳的机会，即“大功告成”。

内向孩子的自尊心都特别强，对外界的评价特别敏感。比如家长这样批评孩子：

你长这么大了，怎么还不懂事啊？

闭嘴！让你说话了吗？

再不听话，就把你扔在这儿，看谁来管你！

你怎么就不能像隔壁洋洋一样听话呢？

外向孩子听到后，可能嘻嘻哈哈就忘记了；内向孩子听到后，也许过去几个月都无法忘记，甚至一辈子无法释怀。

因此，家长要特别注意，一定不能当众批评内向孩子。平时要以鼓励为主，批评越少越好，更不要给予什么面壁、罚站之类的惩罚，那样只会让亲子关系变得非常糟糕。

有希望孩子改进、提升的地方，建议先表扬，再以期望的语气表达出来。比如希望孩子保持卷面整洁时，家长可以这样说：

这次几道题全都做对了，很棒！说明你下了不少功夫。要是再把字写得工整些，那就更完美了。

即便孩子在外跟人打架，别的家长气势汹汹地找过来，家长也不要当众批评自家内向的孩子，而是理性地与别人沟通：

我得回家问问孩子是怎么回事。如果是我们孩子的错，那也是我做家长的责任，我先给您道个歉。

家长可以等回家后再慢慢询问孩子，绝不可以当众直接批评孩子。

第三坑 拿别的孩子和自家孩子比较

这是我国家长最常做的事——拿别人家孩子的优点和自家孩子相比较。比如：

看看人家洋洋，都当班长了，你当什么了？

果果这次又是满分，看看你，这里扣点分、那里扣点分。

心心那孩子不仅成绩好，跳舞也很好。你呢？

总之，别人家孩子什么都好，自家孩子一点都比不上。

家长一厢情愿地以为，和优秀的孩子比较会激起自家孩子学习的动力。但对内向孩子来说，这种全面的打击和否定，连一丝一毫的激发效果都没有。内向孩子最需要的是不断肯定和鼓励，他一点都不需要打击和否定，因此，对他的批评越少越好。

家长对孩子的长期打击，会摧毁孩子的自信心，让他产生严重的自卑心理，甚至留下一辈子的心理阴影。

家有内向孩子的，如果要比较，就拿孩子的今天和昨天比，让孩子看到自己的进步。这对内向孩子而言，是一种鼓励和促进。增强孩子的自信心，他就会继续努力，做得越来越好。

第四坑 不相信自己的孩子

很遗憾，作为家长，我们普遍不信任自己的孩子，总爱控制孩子。

- 孩子小时候要自己吃饭，家长却硬要喂饭
- 孩子开始学跑步，家长赶紧拦着，怕孩子摔着
- 孩子穿鞋、穿衣服，都要听家长的
- 孩子慢慢长大，开始上学了，家长帮忙收拾书包，为孩子准备好一切，早上定时叫醒孩子
- 孩子做作业，家长要在旁辅导
- 孩子到了青春期，家长更是严密监视，看他的日记、查他的手机，不相信孩子的话，从各种渠道打听孩子的行为，甚至“盯梢”

划重点

家长不相信孩子，全方位地控制孩子，内心其实是希望孩子成才。但这样的做法，非常不利于内向孩子的心理健康，有可能使孩子和家长之间产生严重隔阂。

这样做，也不利于孩子养成良好的学习习惯。几乎所有被家长督促着做作业的孩子，都特别磨蹭。其实，孩子是在消极对抗家长的控制。

要相信自己的孩子，把学习和生活的主导权下放给孩子，带孩子一起制订学习计划、作息时间表，遇事和孩子商量。有些家长甚至每周请孩子当一次家，结果发现孩子的学习积极性空前高涨，各方面能力得到很大的提高，亲子关系也得到极大改善。

第五坑 没有近期计划，没有长远目标

很多家长对孩子的学习没有计划，学到哪里算哪里，发现有漏洞就补一下。这样做的结果是，孩子的成绩起起伏伏，就像坐过山车一样。长此以往，孩子心里也会没底，不利于学习进步。

“凡事预则立，不预则废。”内向孩子有一定的被动性，家长要带孩子做好规划，每学期制订学习计划；家长要做好督促、检查工作，这样，孩子每天按部就班地学习就行了。

划重点

家长不要在旁辅导孩子做作业。做作业是孩子的事，要让孩子自己完成。推荐采用“费曼学习法”，让孩子给家长讲当天的课程，不会的就当场看书，讲完就做作业。这样，孩子的学习既有长期规划，又有具体方法。家长根本不用教得鸡飞狗跳，孩子成绩也能稳居班级前列。

家长平时要留心观察孩子，尽早发现孩子的优势和特长。如果孩子有某方面的天赋，比如音乐天赋，家长可以请专业老师进行评估。确实有天赋的，就要给孩子制定长期发展规划，让孩子以后比别人多一条成才的大道。

Chapter 2

叛逆，是孩子要求独立自主的宣言

小测试

The Test

你的孩子有逆反心理吗

你的孩子有多叛逆？下面清单描述了叛逆孩子的 8 种行为。为了帮助你知道自己的孩子事实上到底有多叛逆，可以仔细想一想，下面列出的叛逆行为是否在孩子身上出现过。

评分标准

在每个叛逆行为左边的方框里填写孩子叛逆行为的程度，选填从 1 分（表示叛逆行为最强）到 5 分（表示叛逆行为最弱）之间的数字。

□ 1. 我的孩子常常发脾气。

□ 2. 我的孩子常常与成人发生争执。

□ 3. 我的孩子常常公然反对或拒绝遵守成人的要求或规则。

□ 4. 我的孩子常常故意惹得别人心生厌烦。

□ 5. 我的孩子常常由于自己的行为而责备他人。

□ 6. 我的孩子常常容易生气或被人惹怒。

□ 7. 我的孩子常常生气或怨恨。

□ 8. 我的孩子常常怀恨在心或恶意十足。

小测试

>>> The Test

测试结果与分析

仔细看一看你是如何给自己孩子的叛逆行为定出等级的，由此能够非常清楚地看出孩子的叛逆行为在哪一方面表现得最严重。

现在，你可以回答下面问题：

1. 这些行为是什么时候开始的。
2. 这些行为在什么情形下会发生。
3. 是否有任何曾经发生的消极事件影响着孩子身上正在发生的这些行为。
4. 如有可能，有什么办法可以帮助处理曾经发生在孩子身上的这些消极行为。
5. 打算怎样应对孩子现在的这些行为。

• 如果你还不能回答所有这些问题，也不要焦虑、着急。从现在开始，你的目标就是开始思考孩子给你带来的挑战是什么，以及如何应对这些挑战。

第 1 节

叛逆心理，是孩子走向成熟的标志

- 宝宝叛逆期
- 儿童叛逆期
- 青春叛逆期

所谓“叛逆期”，是心理学家的说法，也是常常让家长头痛的阶段。一个孩子的成长会经历很多个叛逆期，从科学上划分，一般有 3 个典型的阶段：2 ～ 3 岁宝宝叛逆期、6 ～ 8 岁儿童叛逆期、14 ～ 16 岁青春叛逆期。

宝宝叛逆期就是家长常常听到的“糟糕的两岁、可怕的三岁”。在这个阶段，家长会突然发现宝宝开始跟你对着干。

叛逆期 ❶

↓

宝宝叛逆期

>>> 2 ～ 3 岁

他们最常说的就是“我不”“我就要”，“不给”……家长不让碰开水，不让碰电源插座，不让碰脏东西，他们偏要去碰；同时，他们开始有“破坏力”，比如撕书、翻东西、扔东西，厨房、冰箱经常被翻得乱七八糟。

面对这种情况，脾气急的家长很生气，想要教训孩子；脾气好一点的家长会觉得好气又好笑。

其实，这是因为两三岁的孩子正好处于自我意识快速萌芽的时期，当他们意识到自己的想法和家长不一样的时候，会希望家长首先能看到自己的这种不一样，并且开始出现对规则的试探与挑战。

>>> 小课堂

现代心理学之父阿尔弗雷德·阿德勒认为，儿童与其他所有人类都一直在寻求归属感和价值感，想与他人建立联系。这种联系体现在亲子关系中，正是通过注意力来实现的。

所以，当你看到孩子在这个阶段表现出各种叛逆和不听话的行为时，要去理解这背后更多的是他们希望被看到、被认可与被爱。

儿童叛逆期是孩子 6 ～ 8 岁这个阶段。他们已经开始上小学，老师、同学、朋友增多，学业也开始增多。

叛逆期 2

↓

儿童叛逆期

>>> 6 ~ 8 岁

这个时候，家长会发现他们的叛逆和第一个叛逆期的表现相似，但要强烈一些。比如，他们开始唱反调，爱顶嘴，不愿意被家长管束。家长唠叨得越多，他们越不耐烦、越反抗。最典型的是因为写作业问题和家长的矛盾加重。这一时期，他们对生命缺少畏惧感，很容易因为冲动而做出极端的行为。

这是因为，这个阶段的孩子生命力旺盛、精力充沛，在思想上也出现了强烈的独立意识，认识事物的能力提高较快。在做一些选择时，他们常常会表现得像一个“小大人”，比如穿什么衣服、报哪些兴趣班、买什么玩具等，他们会认为这些事情可以自己做主，如果得不到家长的支持，就开始“叛逆”。

>>> 小课堂

面对这种情况，如果家长硬碰硬，想要简单粗暴地解决，就容易加重孩子的叛逆行为，尤其是一些男孩子。如果家长引导不当，有的孩子会胆小懦弱、唯唯诺诺，有的孩子则会任性执拗、胆大妄为。

青春叛逆期一般发生在 14 ～ 16 岁，和前面两个阶段的叛逆相比，这是家长面临的挑战最大的阶段。

叛逆期 3

↓

青春叛逆期

>>> 14 ～ 16 岁

青春期的孩子一方面开始追求自我、渴望平等；一方面又想摆脱家长的说教与管制，甚至激烈反抗。

为什么一提到“青春”就会想到“叛逆”？这主要是因为，青春期的孩子身心变化最为迅速和明显，他们的身体、外貌、行为模式、自我意识和情绪特点，以及人际交往和人生观等都会逐渐脱离儿童特征而成熟起来，更加接近成人。这些迅速的变化，会使他们产生困扰、自卑、不安、焦虑等心理问题，甚至产生不良行为。

>>> 小课堂

面对青春期的孩子，家长应该及时调整自己的教养角色和教育方式，在认知上理解孩子的叛逆，在情绪上接纳孩子的叛逆，在态度上尊重孩子的叛逆，把让人头疼的青春叛逆期转换为升级亲子关系的全新关键期。

第 2 节

感化爱顶嘴的孩子，你可以这样做

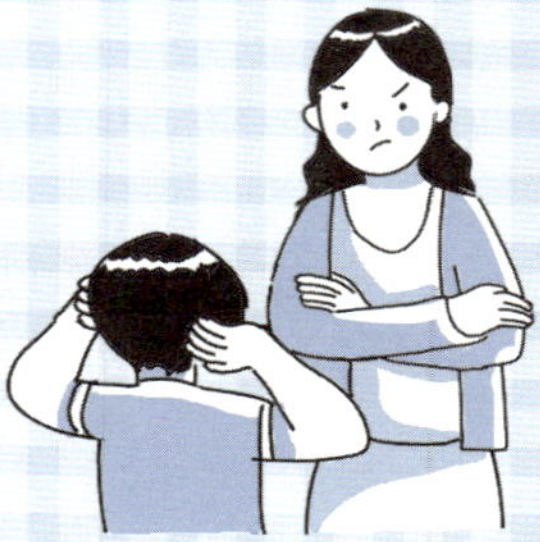

- 让孩子真正去认可
- 身体力行去影响孩子
- 建立孩子的内在评价系统

导语

关注于解决问题，其实是人的一项非常重要的能力，它能够让我们从过去的束缚中跳出来，放下对犯错后的局限性反应。放下这些担忧后，我们就可以把精力放在怎么去解决这件事情上。在这个过程当中，家长还可以邀请孩子一起想办法。也许家长会发现，孩子往往能带来很多意想不到的答案。

有时候，家长觉得好像忽然之间，孩子不再对我们言听计从，甚至学会顶嘴了。其实，他们是在为自己的委屈鸣不平，或者说他们在对家长的教育方式表示怀疑，感到困惑。孩子顶嘴是有原因的。

1

孩子自我意识开始增强，他需要自己做主。如果从这个角度看，家长应该感到欣慰。

当孩子认为家长对自己不够尊重的时候，他们就会本能地产生反抗情绪。从这个角度看，家长应该有所警醒。

孩子爱顶嘴，家长可以这样做

当孩子顶嘴时，家长可以做给孩子看，以身作则来影响孩子，并且用支持和鼓励的方式让孩子在错误中学习，做真实的自己。从认知的角度看，家长要让孩子去认可一件事，而不是被迫接受。

1. 要让孩子真正去认可，而不是迫于压力去接受

孩子是察言观色、审时度势的高手，为了让自己不受到更大的伤害，他们会迫于压力去做迎合家长的事情，但内心其实是怀疑和抗拒的。当他们发现自己不可以做的事情，而别人却可以做时，就会重新思考这些事情的意义，并且会想办法去尝试。

所以，家长不要试图控制孩子，逼迫孩子就范，而是要给孩子慢慢体验和学习的时间，让他们发自内心地愿意做这件事。

Tips

只有当孩子真正认可这些事情，他才会变得自律。

2. 行大于言，身体力行地影响孩子

孩子的成长并不是通过听来完成的，而是需要用眼睛去看、用手去触摸、用身体去感知，从而得到生活经验。

孩子是最细腻的模仿者，他们将家长的一言一行看在眼里、记在心里，并且形成当下的决定。所以，家长在教给孩子行为规范的时候，其实不需要讲太多理论，用身体力行的方式影响孩子才是最好的，也是最有效的。

这样孩子接受到的教育就不是浮于表面的声音，而是刻印在他们内心的规则。他们会本能地遵守并且相信它是对的。这个时候，如果外界出现了不一样的声音或者有不一样的行为，他们也不会放在心上。

Tips

当孩子有所怀疑的时候，最好的做法是继续用行动告诉孩子不用理会别的，只要自己认为是对的，可以继续坚持。

3. 建立孩子的内在评价系统，让孩子不依赖外在评价

孩子表现不好的时候批评他，表现好的时候表扬他，这可能是大多数家长一贯的做法，因为家长认为这样做可以鼓励孩子好的行为，消除孩子不好的行为。但正是因为这样一套外在评价系统，让孩子很容易去关注来自外界的声音，而不是自己本身。例如，带孩子外出买吃的，排队的人很多，于是孩子开始吵闹，想要插队。以下家长的两种反应中，你会是哪一种呢？

在这种情况下，家长很容易情绪失控，可能会十分生气地呵斥孩子，并以暴力终止孩子的行为。

遇到这样的情况，家长应该先询问孩子为什么这么做。了解孩子的想法以后，与他沟通解决问题的方法。

当孩子做得好的时候，不是去表扬一个结果，而是要去肯定孩子为此付出的努力，看到它的每一个小细节。比如孩子一直在耐心地排队，看到有人插队的时候，他还主动上前表达自己的观点，告诉别人这样做是不对的。

>>> 小课堂

鼓励不仅是为了让孩子看到什么是对的，也是为了激发他内心的力量，让他做真实的自己，听从自己的需求，不依赖外在评价，形成自律的品格。

给孩子自由的权利，不和顶嘴对着干

家长要用关注于长期效果的方式去讲规则，也就是说要给予孩子权利，让他自己去做选择和决定；给予孩子机会，让他去尝试和犯错，在尝试中感受一件事情的真正乐趣，在错误中得到真正的体验和学习。

只有当孩子的内心获得无限自由的时候，他才能够接受这个世界的不一样，也会坚持自己认为正确的方式。

那么，家长可能又要问了："不和顶嘴对着干，那该怎么做？"下面来看看正面管教给出的处理方法。

1

仍然是先冷静下来

用暂停等方式帮助我们先冷静下来，回归理性，心平气和地解决矛盾。

2

用尊重的语气跟孩子道歉

先用尊重的语气跟孩子道歉，再告诉他，我们并不想伤害他，当然也不想被他伤害，所以可以问他要不要重新开始讨论。

3

认同孩子的感受

我们可以对孩子说："听起来，你真的很生气。"这一点很重要，能给孩子足够的认同感。

4

不用惩罚的方式取得控制权

用惩罚的方式来获得孩子一时的“屈服”，是不对的。这种被动的妥协，于孩子而言是“霸道”的，并不利于和谐亲子关系的建立。

5

可以和孩子分享一下我们的感受

我们可以说：“你这么跟我说话的时候，我很伤心。我们一会儿再谈谈吧，你可以用另外一种方式告诉我你的想法是什么。”

6

决定要做什么，而不是试图控制孩子

比如我们自己主动走开，先控制好自己的情绪，而不是试图控制孩子的行为。也可以跟孩子提前说好：“当你用不尊重的方式跟我说话的时候，我会离开房间，不再讨论。”

7

适当使用一下我们的幽默感

我们用更多幽默的方式来应对孩子的顶嘴，其实也能让孩子看到和知道“顶嘴是无效的”。带点幽默的沟通既能让双方感觉良好，也能有效地解决问题。

第 3 节

爱打人的孩子并非真正叛逆

- 家长多陪伴和善意引导
- 培养孩子的同理心
- 纠正不当的家庭教育方式

导语

之前遇到过一位家长，他一脸苦恼地诉说自己儿子年纪不是很大，脾气却不小，但凡有一点小事没有顺着他，就会在家里大喊大叫，甚至对人拳打脚踢。不仅如此，在外面和别的小朋友玩耍时，他也会时不时地“攻击”其他小朋友，经常和别人发生肢体冲突。家里人每次告诉孩子打人不对时，他也会认错，可过不了多久，又“故态重施”。

在生活中，像这样有攻击行为的孩子不在少数，也令很多家长头疼不已。而家长不管是循循善诱还是以狠话恐吓，甚至采用打骂的方式，结果都收效甚微。那么，孩子有攻击行为的心理原因是什么？

孩子爱打人，先对标这些心理因素

1. 表达情绪的需要

“打人敏感期”从孩子 6 个月左右就开始了，这时他的四肢有了功能分化，手腕到上臂的支配能力有了突破，但语言发展尚不成熟。所以一些口头表达不出的意愿或者情绪，他会通过肢体语言来表达。

不管多大的孩子，都有表达情绪的需要，尤其是负面情绪。比如：

- 孩子委屈了
- 孩子生气了
- 孩子不喜欢某样东西了

这时，如果家长不能及时引导、理解并询问孩子的想法，或者强行抑制孩子发泄情绪，孩子就很有可能通过肢体语言，如用手抓挠、扬手、拍打、拉扯等行为表达自己的意愿和需求。所以，有些孩子喜欢打人是表达情绪的需要，而不是故意打人。

2. 家庭教养方式不当

在心理学上，我们将家庭教养方式分为以下 4 种：

- 专制型
- 溺爱型
- 放任型
- 民主型

相关研究表明，专制型和溺爱型的教养方式更容易导致孩子的强攻击行为。

专制型教养方式的家长在这 4 种教养方式中最为专制，往往强调自己的权威性，强调孩子一定要听自己的。孩子在他们的高压控制之下，稍有违逆，便会迎来更严厉的斥责、打骂。孩子面对家长时，更多的是畏惧。

这样解读才正确

家长要记住，不要让孩子恐惧你，这并不是智慧家长的做法，而是应该让孩子心甘情愿地接受你的教育。

NO 场景

家长总是否定或拒绝孩子的一些需求，甚至是某些合理需求，这会使孩子的行为受到阻碍，需求长期得不到满足，时间久了，容易引发孩子的攻击行为。

小课堂

家长毫无原则地满足孩子的各种要求，对孩子听之任之，会造成过度满足。这种习惯一旦养成，当孩子的愿望没有被再次满足时，他就会大吵大闹，甚至产生攻击他人的行为。这就是家庭教育方式不当。

3. 共情能力缺失

共情，是指站在别人的角度去理解别人的感受，是换位思考的高级形式。有关儿童共情与攻击行为关系的研究表明，共情水平与攻击性行为及外显的反社会行为之间呈现显著的负相关。

共情水平高，孩子的攻击行为就会减少。我们发现有的孩子从小就缺乏共情能力方面的引导和教育，家长也缺乏对孩子的理解及共情方面的反应。所以，孩子对他人情绪的回应能力比较差，他的情绪也很难得到有效控制，同时会增加攻击倾向。

Tips

攻击行为跟情绪密切相关，如情绪得不到很好的控制，孩子便通过行为方式表达出来。

4. 模仿家长的行为

孩子的行为能反映家长做人做事的风格，也就是说，孩子身上具有家长的影子、家庭的烙印。其实，孩子的攻击行为很大程度上是从家长身上学来的。

比如，有的家长常常对孩子采取简单粗暴的打骂方式，或者用体罚的方式来惩罚孩子。潜移默化中，孩子就会模仿家长的行为。这也会导致孩子学会用攻击行为对待别人，如和别人相处不如意时，可能会通过攻击行为解决。

家长用什么方式对待孩子，孩子就会用同样的方式对待别人。这就是榜样的力量。

NO 场景

>>>

美国心理学家卡麦隆·韦斯特曾进行长达 14 年的追踪研究，结果发现 70% 的暴力少年犯在 13 岁就被确认为有攻击行为，而且儿童时期的攻击水平越高，今后犯罪的可能性越大。所以，家长一定要重视起来。

当然，这是错误的榜样，也是我们要坚决杜绝的。这个坏习惯已经可以让孩子在童年时期就引发紧张的人际关系，甚至严重的社交障碍。

以身作则，积极引导

1. 需要家长的亲情陪伴与善意引导

家长对孩子的成长与发展有莫大的影响。作为家长，要承担教育子女的责任，而且要有明确的教育意识。要意识到“孩子在你身边，你的言谈举止要对孩子产生积极的影响”，所以家长在沟通交流时都要尤为注意亲情陪伴与善意引导。

Tips

家长既不能过于专制，也不能放任、溺爱孩子，关键是要掌握好分寸，遇到问题多从正面引导和教育。家长可以管，但不全管，是有重点地管，该管的要管，但该放手的一定要放手，给孩子一点空间。

2. 引导孩子培养同理心和换位思考

相关心理学研究表明，攻击者在看到受害者明显痛苦时，往往会停止攻击。然而，攻击性特别强、缺乏同理心的人则不然，他们会继续攻击受害者，这是因为他们缺乏感受对方情绪体验的能力。

家长应从小培养孩子的共情能力，告诉孩子，攻击行为会给别人带来痛苦，导致严重后果。再让孩子换位思考，假设自己是受害者时，将会有怎样的感觉和心情，启发孩子对攻击行为的理解与思考，从动机上改正攻击倾向。

1

家长一定要明确告诉孩子，打人、推人、抢别人玩具是不对的，要告诉他什么是正确的，还要告诉他打人的孩子是不受别人欢迎的，老师、家人、小朋友都不喜欢。

2

家长还可以通过角色扮演，让孩子认识到被别人攻击的感受，从而使其对自己的攻击行为产生一种否定情绪。

3. 纠正不当的家庭教育方式，为孩子树立良好的榜样

溺爱、放纵的教养方式让孩子没有规矩意识，高压式的控制也会导致孩子产生逆反心理，变得没有自我，滋长压抑情绪，从而出现攻击行为。

攻击行为形成的关键期是幼儿阶段，家长要抓住这个关键期，对孩子进行正确的教育，同时要注意不给孩子提供模仿攻击行为的错误对象。

在家庭中，家长必须注意自身的言行举止，遵守规则，不要在公共

场合大声讲话，乱扔垃圾，违反交通规则，与人吵架；也不要因为自己的一些事情不顺心就攻击别人。所以，家长要杜绝任何暴力行为，出现问题时可以在孩子背后商量解决，为孩子树立良好的榜样。

>>> 小课堂

此外，家长要用无条件的爱和高品质的陪伴，为孩子营造温馨和睦、互相关爱的家庭氛围，因为良好的成长环境有助于孩子形成健康的心理。也就是大家常说的，既要言传又要身教，更要境教。

家庭氛围温馨和睦，彼此互相理解、关爱、尊重、平等，会给孩子一种无声但有力的积极影响。

我的从容养育

揭开孩子撒谎背后的心理动机

想必在所有家庭教育方式中，撒谎都应该被视为最不能接受的问题行为。的确，谎言会带来伤害、猜忌、背叛、风险，尽管撒谎有可能会让人一时获得利益或免于惩罚，但从长远来看，撒谎都会带来更严重的不良后果。所以，诚实是每个人为人处世的必修课。作为家长，当然希望孩子拥有诚实的品德。

第一 为什么孩子爱撒谎

首先，孩子已经具备一定的心智理论方面的能力，学会察言观色。

他还需要通过观察来推断别人的想法和意图，比如面对妈妈对其衣服上巧克力污渍的质问时，孩子不是立刻承认自己偷吃了巧克力，而是利用老师昨天过生日的理由来圆谎。很显然，他从妈妈的语气和表情中推断出妈妈正在生气。

当然，这也需要很强的表演能力、想象力和创造力。可见，说谎并不容易。孩子要分清现实、想象，还要推断别人的想法，说服别人，同时需要具备强大的推理能力和表达能力。

Tips

相关研究表明，孩子能否告别撒谎的分水岭在8岁。如果七八岁时，孩子仍然爱撒谎，那么他很可能会一直说谎下去。如果家长放任不管，会让孩子以为“撒谎无罪”，此后一旦对其撒谎行为进行严惩时，很可能会把孩子逼成“谎话精”。

第二 面对爱说谎的孩子，学会这样做

1. 要看到撒谎背后的真相

其实很多时候，孩子撒谎的原因都与家长相关，或许是想得到关注，或许是害怕被责罚，或许是希望得到一个赞扬，或许是在模仿成人。有时候，家长总想纠正孩子，但需要纠正的可能是家长自己。

2. 别做明知故问的“侦探”

有时候家长明明看见孩子嘴角有饼干屑，却这样问孩子：

你吃饼干了吗？

孩子天生情感细腻，听得出这样的追问、质疑是在责怪他，不信任他。然后他只能通过谎言来遮盖自己的内疚和不安，以此逃避家长的责罚。其实孩子犯错了，有时候自己也不知道该怎么办。

这时，家长直接告诉孩子如何处理是更有效的方式，要对孩子进行正确的引导。比如：

妈妈知道你吃了饼干，希望你下次不要在饭前吃。因为这样会影响你的正餐，而且吃饼干对牙齿不好。

这样说，孩子心理上更容易接受，之后在饭前都会听妈妈的话，不再吃饼干了，而且吃饭吃得很香。

3. 给孩子改正错误的机会

孩子不小心犯错了，最怕的不是承认错误，而是承认错误之后来自爸爸妈妈的责怪。

划重点

家长给孩子一个弥补和改正错误的机会，可以减轻孩子的内疚感和担忧，使其重拾信心，并意识到原来做错事是需要行动来弥补的，让其养成对自己错误行为负责的良好习惯。

4. 言传身教是最好的老师

当对孩子的谎言着急上火时，家长应该反省自己是否对孩子说过谎。例如因为不想出门，所以对孩子说“游乐园关门了”；因为忘记给孩子买礼物，所以对孩子说“礼物被小狗叼走了”。

家长要求孩子百分百诚实，却允许自己撒小小的谎。以这样的双标行为教育孩子，孩子是不可能学会诚实的。

Tips

让孩子学会诚实，家长要先做到诚实，给孩子树立良好的榜样。如果家长自己都不诚实，就不能责怪孩子“屡教不改”了。

5. 别用自己的感受引导孩子

朋友家送来一个玩具，问孩子喜不喜欢。在孩子没有回答之前，家长不要急着替孩子回答。家长的情绪时刻影响着孩子。孩子比任何人都希望自己的家长开心，当发现自己对某件事的回答会让家长开心时，即使心里存在不同答案，也会说出让家长满意的谎言。

6. 说谎不必过度责骂，但诚实可以奖励

不管什么样的行为，如果最终结果是好的，都该被强化。比如：

- 孩子闯祸之后撒谎了，逃避惩罚
- 孩子说了实话却被家长责罚，那孩子就会被逃避惩罚这个结果激励，变得越来越爱撒谎

划重点

如果孩子说出实话，可以给他一个抱抱或者亲亲。告诉孩子，大家都很喜欢诚实的孩子，希望他继续做个诚实的人。这样的鼓励会让孩子觉得，原来诚实是会让家长开心的事，那么在之后的生活里，他会愿意用诚实来换取鼓励。

当孩子说谎的行为在不自知的情况下发生时，家长无需大惊小怪，把撒谎上升到人格和品性的“高度”来严加批判和刻意纠正；而是应该看到孩子说谎背后的真相，并作出恰当反应，为孩子对“说谎”这一行为形成最终认知提供积极、正面的导向。

Chapter 3

愤怒的外衣下，是孩子受伤的心

小测试

>>> The Test

你的孩子是“愤怒小霸王”吗

一不顺心就扔东西、闹脾气，十足“愤怒小霸王”。你的孩子也是这样吗？下面参考这 4 点评分标准，在 15 项里给孩子打分，最后算算总得分，看看孩子的愤怒属于哪种情况吧。

>>> 评分标准

0 分：从不或偶尔为之

1 分：很少这样做（每个月不超过 1 次）

2 分：有时这样做（每周 1 次左右）

3 分：常常这样做（每天或每周发生好几次）

01 遇到麻烦时总迁怒于别人。 □

02 感到沮丧或恼怒时爱扔 / 砸东西。 □

03 一旦生气很难被安抚。 □

04 不喜欢任何形式的改变，当改变被强加于身时，会非常愤怒。 □

小测试

>>> The Test

05 和其他孩子玩耍时不遵守游戏规则，总耍赖。 □

06 遇到挫折时会说带着恨意的话。 □

07 消极、故意拖延，拒绝家长要求他做的事，以致立规矩变得很困难。 □

08 故意找茬，然后自己变得很生气或很沮丧。 □

09 总排斥、嘲笑、埋怨别人。 □

10 一生气就失控，并通过面部表情或肢体语言清楚表达出来。 □

11 生气时爱说脏话。 □

12 学习新东西很容易令他感到沮丧，反而想去做其他事。 □

13 拒绝做被要求的事情，除非家长用正确的措辞、语气和方法跟他沟通。 □

14 输不起，因此其他孩子都不喜欢和他玩。 □

15 被取笑时很难控制脾气，会和其他孩子打架。 □

小测试

>>> The Test

测试结果与分析

把每道题的得分相加，计算总分。

总分 0 ~ 5 分	不易被激怒，也不会轻易陷入沮丧。即便有些被动，但是家长不要轻易试图改变或纠正他。
总分 6 ~ 10 分	正常程度的愤怒。在这个区间内，较高的分数（接近 10 分）更适合年龄小的孩子（6 岁或以下）；较低分（接近 6 分）更适合年长的孩子（6 岁以上）。
总分 11 ~ 15 分	高于正常程度的愤怒。同样，较高的分数适合稍年幼的孩子。这也提醒家长需要注意孩子的反应了。
总分 16 ~ 20 分	已经表现出明显的愤怒问题，应该得到家长的关注及重视。
总分 20 分以上	说明孩子在管理愤怒方面的问题已经非常严重，尤其是到了上学年龄的孩子。家长应该立即采取措施帮助孩子应对愤怒。有必要的话，可以寻求专业心理医师或教育专家的帮助。

第 1 节

孩子的愤怒，部分源于冲动本能

- 上层大脑，引导理智行为
- 下层大脑，引导情绪反应

导语

孩子容易冲动、总是突然大发脾气，肯定是最让家长感到痛苦的事。孩子 6 岁之前，大家是不是也经常遇到这种情形？因为新买的玩具掉了一个小零件，孩子大哭不已；因为想去按电梯按钮，被别人抢先一步，又哭又闹。

这些大人眼中的小事，却能让孩子的情绪像小火山一样瞬间爆发，怎么哄都哄不好。为什么孩子的情绪会像山洪一样爆发？为什么他们对道理一点也听不进去？

很多家长认为冲动、发脾气是孩子的错，其实孩子的这些表现与其大脑的发育有关。知道原因后，家长要正确对待孩子的情绪冲动，多进行正确的教育和引导。

如果家长的教养目标是希望孩子能从内心深处接纳自己的情绪，并成为一个更理性、拥有自控力的人，就千万不要贸然使用让孩子感到害怕或痛苦的打骂管教方式。

从大脑功能认识孩子的情绪发育

著名心理学家丹尼尔·西格尔博士关于儿童大脑的科学研究给了我们很多启示。

西格尔博士通过脑神经科学实验向我们证实，让孩子感到害怕或痛苦的管教方式，只会让他的上层大脑前额叶受到抑制，无法激活，无法工作，根本不能帮助孩子发展理性思考的能力、培养情绪自控力。

人的大脑从功能角度分为上层大脑和下层大脑两部分。

1

上层大脑

上层大脑是人类特有的大脑前额叶、皮质脑，它和下层大脑不同的是进化程度更高，在这里进行更高级的心理过程，比如想象、规划、理性思考、逻辑，还有掌控情绪、控制冲动、做出理智的行为。

2

下层大脑

下层大脑包括脑干、边缘系统和杏仁核，这一部分的大脑负责呼吸和眨眼，以及与生俱来的反应和冲动。比如打斗、逃跑、攻击，还有强烈的情绪反应，如愤怒、恐惧等。

家长希望培养孩子成为有自控力、有共情力、有正确的决策能力、有良好的自我认知、有道德感的人，就要有意识地刺激其上层大脑，让他的上层大脑得到激活，进行高效工作。

用装修来比喻，下层大脑出生的时候是精装修交付的；上层大脑却是个毛坯房，需要不断地进行装修。学龄前阶段，家长要对孩子的上层大脑进行训练、教育及给予科学刺激；青春期阶段，孩子的上层大脑还要经历一次大规模的改造。

Tips

面对孩子，家长不得不接受这样一个事实：孩子出生时下层大脑很发达，而上层大脑则需要时间和不断的教育才能发育成熟。这也是为什么孩子像是魔鬼和天使的混合体，有时特别乖巧懂事，有时又不可理喻。

所以，家长不要贸然地责怪孩子不懂事、冲动、乱发脾气、不自控。对孩子来说，“用理智驯服本能冲动”真的非常难，他暂时是做不到的。

西格尔博士通过实验得出：任何形式的、会让人感到害怕和痛苦的攻击，无论是精神还是肉体上的，都会激活下层大脑，然后让上层大脑“停止营业”。

这就意味着，家长通过打骂孩子来制止这种情绪冲动，只会让孩子更加恐惧，等于失去了锻炼孩子上层大脑的机会。上层大脑得不到锻炼，不够强大，孩子

就会一直无法“驯服”下层大脑的冲动本能。于是，孩子“情绪冲动”，“不会自控”，就成了必然结果。

因此，按照这个思路，要想培养孩子的情绪自控力，就要与孩子共情，理解、接纳且帮助孩子多锻炼上层大脑。这才是正确的教育方式，可以激活孩子的上层大脑，让他变得更理性，从而具有更好的品质。家长具体该怎么做呢？

做好情感共鸣，让孩子学会冷静

情感共鸣有利于家长与孩子之间的情感连接。家长跟孩子有情感连接，才能把智慧传递给孩子，帮助孩子控制情绪。所以，通过情感共鸣，可以让孩子感受到自己是被家长理解的。

比如孩子很想看电视，被下层大脑的冲动包围时，妈妈可以这样说，让孩子更好地接受。

我知道你很想看电视，要是不能看，想必你会很难过……

我知道，如果是我不能看电视的话，也会感到有点失落……

需要让孩子明白妈妈理解他的难过，这样可以平复他的情绪。家长用共情的方式让孩子觉得他的感受是被接纳的，会直接作用于其下层大脑，让孩子下层大脑的冲动逐渐平息，有利于上层大脑进入理性工作状态。

这时，再和孩子就情绪冲动、胡闹、乱发脾气一事进行说理、讨论或者沟通，可以让孩子对自己的行为有所反思。家长要教会孩子一些避免情绪失控，甚至抓狂的方法，可以是深呼吸、转移注意力、跑步或其他运动。

通过不断的实践，家长会发现，越是懂得安抚孩子，激活其上层大脑，孩子的理性思考能力会越强，情绪的自我管理能力也会越高。最终，孩子会因为家长的帮助，慢慢学会在冲动中调动理性，管理好自己的情绪与行为。

第 2 节

延迟满足，为孩子构建冷静大脑

- 延缓孩子做出决定的时间
- 不强迫，给孩子自主的权利

导语

“当孩子提出要求时，你会第一时间满足他吗？或者当你没有满足他时，孩子撒泼打滚，你是不是会选择投降呢？”

如果你的答案是肯定的，就需要注意了。因为延迟满足的能力，也是孩子自控力养成的一个重要方面。

什么是即时性满足感

在远古时代，由于食物长期短缺，大脑需要持续分泌化学物质，促使人们努力寻找食物并且马上吃掉，这就是一种即时性满足感。随着人类的进化、物质产品的丰富，这种即时性满足感逐渐变得没那么重要，但并没有消失，这种原始的工作机制还是会经常发生作用。

20 世纪 60 年代，美国斯坦福大学心理学教授沃尔特・米歇尔做了一个与延迟满足有关的棉花糖实验。

>>>

让数十名孩子单独待在一个小房间里，房间的桌子上放着棉花糖、饼干等零食。

孩子被告知可以马上吃掉这些食物，也可以等研究人员回来时再吃并获得一些奖励。结果大多数孩子坚持不到 10 分钟就忍不住吃掉零食，只有 30% 的孩子坚持等到研究人员回来再吃。

通过追踪研究，研究人员发现这 30% 的孩子在日后处理学习成绩问题的能力及与同学的交际关系方面都表现得比其他孩子好。

其实，不仅是孩子，就连我们大人也会沉迷于即时性满足感带来的快乐。因此，孩子没有太多的能力抵挡来自外界的刺激和诱惑，是很正常的。

延缓决定，锻炼延迟满足

锻炼延迟满足，最直接的一个方法就是延缓孩子做出决定的时间。也就是说，孩子在受到刺激或者诱惑的时候，家长应该鼓励孩子先不要直接满足自己的欲望。

接下来，告诉家长一个简单易行的方法，叫做“冷静 10 分钟”。

这样解读才正确

如果想拥有一个冷静的大脑，就需要在面对诱惑时先给孩子的大脑安排10分钟的等待时间，告诉他如果10分钟后仍旧想要，就可以拥有它。

在这10分钟的冷静等待时间里，家长可以鼓励孩子想象长远奖励来抵抗眼前的诱惑，鼓励孩子思考一下自己获得长远奖励后得到的快乐会不会比现在更多；然后鼓励他冷静思考一下，问他：“你愿意放弃这个结果来换取短暂的快乐吗？”他往往会表示愿意。

注意，家长一定要给孩子的反应留一段缓冲时间，也就是说，家长千万不要当着孩子的面自问自答，例如下面对话：

宝贝，我知道你很想吃糖果，但是我们先等10分钟再吃，好不好？

好吧。

如果这次不吃糖果，明天我可以让你看10分钟动画片。

我不喜欢看动画片。

那也不能吃糖果，就这样决定了！

如果你是以上这个孩子，听到家长这样自问自答式的对话，心里会不会很难受？正确的回答应该是什么呢？下面这位妈妈的处理方式非常好：

不喜欢看动画片也很正常。那么，在这10分钟里，你可以想想自己最想要什么。

还有什么事比吃糖果能带给你更多快乐？妈妈不打扰你，你先想想。

妈妈特别喜欢你自己做决定。

这种回答方式，就是鼓励孩子用自我权衡的方法来锻炼延迟满足感的能力。无论孩子最后会不会选择吃糖果，这个内心挣扎的过程都会促使他提高自控力。

所谓延迟满足的训练，并不是单单解决眼前吃不吃糖果的问题，而是借由这个事件，提出冷静 10 分钟的方法，让孩子锻炼自己独立思考的能力、权衡的能力。这个过程是最宝贵的。

更重要的是，作为家长，一定不能越权、不能强迫，要给予孩子自主的权力。如果孩子经过 10 分钟的思考后，还是选择即时性满足——吃糖果，也没有问题。

Tips

孩子只有在长期的、反复的、不同前提下的 10 分钟思考时间锻炼中，才有机会懂得延迟满足能带来更多快乐，从而进一步提升自控力。

第 3 节

不如意就发脾气，需要这样对他说

- 静一静，家长先忍
- 问一问，了解情况
- 抱一抱，共情孩子
- 换一换，矫正行为

导语

有些孩子的脾气就像鞭炮，一点就着，随时会爆。例如逛超市时，看到想要的东西，家长不给买，孩子立马大哭大闹；图画得不好，就耍性子把画笔扔了；看电视超过规定时间，家长关掉电视机，孩子转头就发起脾气，并大嚷：“我讨厌妈妈！”

说实话，家长每天面对繁重的工作已经是紧张兮兮、压力满满，回到家还得面对稍不如意就发脾气的熊孩子，更是心力交瘁。如何快速搞定孩子这些难搞的小脾气？建议家长试试以下“情绪管理 4 步法”。

1 步法：静一静，家长先忍

很多时候，孩子的情绪并没有那么强烈，但家长往往难以控制住自己的脾气，很容易乱了方寸，被当下的情绪所驱使。于是，双方相互发火，最后落得双输的局面，引发亲子矛盾。

双方僵持的结果，常常是家长获胜，但孩子的不良情绪像弹簧一样被压缩，下一次会更激烈地爆发出来，形成恶性循环。

比如夏天，孩子要吃冰淇淋，家长就要和孩子一起制定规则，而不能视家长自己的心情而定。

如果还没有制定规则，就要根据当时的情况来决定。之后再尽快与孩子一起制定相关规则。

当然，制定好规则也不代表一切完事。在执行规则的过程中，也需要家长运用智慧和耐心，否则孩子难以坚持下去。

2 步法：抱一抱，共情孩子

相信很多家长都听说过“共情”，即要理解孩子，接纳孩子的情绪，与之产生共情。但具体要怎么做呢？下面我们通过案例来说明。

所谓共情，就是要察觉到孩子情绪产生的原因，肯定与理解孩子的感受，多抱一抱孩子，让孩子知道他的情绪是可以被接纳的，从而为后面的正确引导做好铺垫。家长要注意的是，不要过度关注孩子，而把共情变成同情，反而不利。

3 步法：问一问，了解情况

孩子在公共场合哭闹的现象并不少见。有些家长见孩子不听话，会连哄带骗、边吓边打，但往往事与愿违，让孩子哭闹得更厉害。那应该怎么做呢？

有一天，妈妈带东东到饭店吃早点，东东要求把饼切成两半。服务员按惯例切成四半。东东立马发脾气，把筷子扔掉，大哭起来。

YES 场景

在这里，妈妈抱抱孩子共情以后，并没有跟孩子讲道理，说饼切成两半和切成四半都是一样的，而是直接问孩子，是不是因为别人没有尊重他的意见而生气。通过询问孩子来找到问题，更直接，也更容易与孩子产生共情。

4步法：换一换，矫正行为

孩子并不知道随便发脾气有什么不妥，东东妈妈就借着这个机会，矫正孩子“扔筷子”“发脾气”的不良行为，教会孩子如何合理表达自己的需求。

>>>

回家之后，东东妈妈对孩子说，“你刚才很生气。你知道发脾气时，别人是什么感受吗？我们来演一演吧。”

然后妈妈扮演孩子，让孩子扮演卖饼的服务员。妈妈把筷子扔掉，朝着孩子大叫，“我不要切四半！我要切两半！”

然后，问孩子什么感受。东东说不喜欢别人对自己吼叫。

于是，妈妈再给孩子示范合理表达情绪的方法，说“阿姨，我想把饼切成两半。你切成四半，我有点生气哦”。让孩子模仿一遍。

确认孩子学会以后，再告诉孩子，“遇到问题时除了发火，可能还有其他更好的解决方法。”

东东妈妈通过角色扮演的方法，让孩子学会站在他人的角度体验自己行为带来的伤害，这样孩子慢慢就不再乱发脾气，学会正确处理问题的方法了。

说到矫正孩子的不良行为，很多家长都会采用“说教”的方式，但效果往往不佳，因为孩子对语言的理解还不够深刻。

Tips

想要快速搞定乱发脾气的熊孩子，家长要保持冷静，通过抱一抱、问一问、换一换来共情孩子，了解他的需求，可以更好地矫正他的不良行为。

第 4 节

得不到满足就大闹，并不是他的本意

- 和孩子制定家规
- 逛街前说好要求
- 家长控制好情绪
- 给孩子说话的机会

导语

逛商场时，妈妈带着孩子在玩具区挑选玩具。孩子看上一辆小汽车，一定要买。妈妈给他讲道理，说家里已经有很多，让他买别的。孩子不愿意，抱着玩具不放手。妈妈生气了，朝孩子屁股打了两巴掌。孩子立马躺在地上哇哇大哭，场面非常尴尬。

在这个案例中，孩子想要玩具车，但没有以一个合理的方式提出要求；妈妈也不太会沟通，讲得通道理就讲，讲不通就打骂。长此以往，孩子就容易变成熊孩子。

提要求本来是一件很正常的事，但是孩子提要求的方式方法及家长如何正确回应，这里面的学问非常大。

以上案例中熊孩子发脾气的情况，相信大家都可能见过，平常在商场里、公园里等很多公共场合都可以看到。

NO 场景

有些觉得太丢脸的家长会生气地说：“丢不丢人啊，赶紧给我走。”

有些心软的家长只好说：“买吧，买吧。”

上面案例中家长的处理方式，无论是第一种还是第二种，沟通双方中都有一方会受伤。

孩子的要求得不到满足，就大哭大闹。这种行为，本质上是孩子心里不能接受家长拒绝自己的感觉，抗挫力差。

那么，如何去帮助孩子好好表达自己的诉求？当要求被拒绝时，如何化解他的负面情绪？可以用这 4 招，帮助孩子好好表达诉求。

带孩子制定家规

比如安排好作息时间、自己的事情自己做、如何攒钱、如何购物……买玩具就要符合购物相关规定，如每个月可以买一两次、买玩具的钱只能是孩子自己的零花钱、玩具不能重复买等。

Tips

如果孩子提的要求完全符合购物相关规定，就痛快地给孩子买吧。

如果孩子的要求并不合理，超出了规定的范围，家长就要给孩子讲一下共同制定的规则，然后告诉孩子，这次只能买什么样的。

对于自己制定的规则，孩子非常乐于遵守。

带孩子逛街之前，把要求提前说清楚

出去逛街，家长要提前把要求跟孩子说清楚，不能既没有家规，又没有任何限定，直接带孩子出去，到时孩子看上了玩具，家长又不答应。

- 如果不买甜点、油炸食品等，可以带孩子去看看文具、衣服、鞋子
- 如果可以买玩具，要跟孩子说清楚限额是多少、哪些不能买，让孩子在可选范围内购买

试想，孩子满怀希望而来，看到喜欢的玩具，期待着开心地玩，结果却被家长无情拒绝，会是什么心情，又如何能接受呢？

家长要控制自己的情绪

即便前面作了很多铺垫，孩子还是有可能想要“违规”购买，很多家长看到孩子抱着玩具不放手，立马火冒三丈；看到孩子撒泼打滚时，希望孩子能马上安静下来。但是，无论自己感到如何难堪，也不能直接拿孩子撒气。

小课堂

当孩子无理取闹时，家长最好的应对方法是不要说太多话，直接把孩子带到一边，先深呼吸，平复自己的情绪；然后蹲下身子，安抚孩子的情绪，用孩子能听懂的话语和他好好沟通，让他的情绪也平静下来，再处理玩具的事情。

一定要给孩子说话的机会

家长要尊重孩子，多听一听孩子的想法。买东西是为了让孩子开心，听听孩子的想法是应该的。无论孩子说什么，都要先倾听。别打断孩子，给孩子一个尊重的姿态。如果孩子不太会表达，家长要引导孩子去说。

YES 场景

当孩子提出要某一样东西时，家长别急于否定，而是要了解孩子的需求是否合理。

当孩子能合理地说出自己的需求，要表扬他能够勇敢地表达自己。

了解清楚孩子的需求后，可以提出解决方案，与之协商，直至双方达成一致。

增强孩子心理承受能力、提升抗挫力的要点是，孩子对将要承受的事情有心理准备。如果家长事先不告知，孩子满怀希望而来，然后被当场无情拒绝，绝大多数都会哭闹的。

在孩子熟知规则的前提下再提出要求，通常要求会比较合理。如果仍有不合理的地方，家长可以根据情况进行引导，这样孩子接受起来也相对容易。经常这样做，孩子的表达能力能得到增强，抗挫力也得到相应提升。

我的从容养育

换位思考，感受孩子最真实的想法

换位思考本身是一件难度系数很大的事情，比如，当你在询问孩子为什么放学后不按时到家的时候，你担心的是他在路上的人身安全，而孩子可能只是因为贪玩，在楼下多玩了半个小时。你总说“我教育你，都是为你好”，可孩子却有满腹的委屈。因为双方站在不同的立场，于是你的呵斥声越来越大，孩子的哭泣声也越来越大。

请家长看看，类似场景是不是经常在你家出现。家长没有站在孩子的角度去想一想孩子晚回家的原因，而孩子也没有站在家长的角度去考虑他们的担心。

当然，孩子年龄还小，想不到这么多。但作为家长，我们应该具备换位思考的能力。

很多家长在教育孩子时依靠主观意志进行判断，而忽略了一定的客观性，容易形成一些比较自我的想法和教育模式。

Tips

孩子在家长面前常常处于弱势状态，没有太多讨价还价的余地。长此以往，孩子或者习惯于服从，或者陷入绝对不听家长话的状态，自控力的养成就会变成纸上谈兵。

第一 有效沟通，了解孩子的真实想法

最重要的方法是沟通。沟通是家长与孩子之间建立亲密及信任关系的前提。家长在督促孩子进行自我控制时，应该先重点关注孩子的真实想法。

比如，当孩子不愿意外出与人交往时，家长应该先和孩子谈谈其不愿意外出的原因。

在沟通的过程中，家长可能会发现，孩子被邻居家的大孩子欺负过，或者被人嘲笑过，等等。

将心比心，此时此刻，硬性要求孩子出门是不是显得不太合理？因此，有效沟通是实现换位思考的前提，它可以有效减少家长的强制性规定和过于强硬的姿态对孩子产生的消极影响。

接下来，谈谈如何通过有效沟通来实现换位思考。

1. 转变思维

学习以孩子的角度来想想他为什么这样做。很多成人视角里认为没有价值的东西，可能对孩子来说非常重要。

2. 以孩子的实际接受能力为准

不要提一些不切实际且孩子难以完成的要求。家长要想想，“对于这个年龄段的孩子来说，这样的要求会不会过分；孩子会不会对这些事情产生不满情绪”。家长常常设身处地为孩子着想，才能制定出更为有效的自控力培养方案。

划重点

家长在陪伴孩子的过程中可以逐渐培养孩子对自己的信任感。比如，虚心向孩子请教游戏是怎么玩的，向孩子说说自己遇到的烦心事，有利于拉近家长与孩子之间的距离。

接下来，让我们回到前面所举的例子，看看怎么处理比较合适。

当孩子回家晚了，首先，你不应该生气，而是应该询问孩子晚回家的原因。

如果孩子说了，你要在心里评估这个原因能否接受。如果孩子不说，也不要强迫她说，你可以表达自己的态度。

当你得知孩子晚回家的原因后，可以根据具体情况进行处理。如果理由是正当的，则可以予以适当支持；如果不正当，则需要督促其改正。

可以请孩子一同规划周末寻找蜗牛之旅。这样的话，不仅能锻炼孩子做计划的能力，也能让孩子知道周末的活动比放学后逗留在楼下更有意思，在接下来的时间里会主动早点回家。如此，孩子的自控力得到充分锻炼。

要想做到换位思考，家长首先要克服优先以自己的想法和主观意识去思考的惯性，站在孩子的角度，真正走进孩子的心里。

Chapter 4

内心的恐惧，是孩子对环境的不适应

小测试

>>> The Test

看看孩子的害怕是正常状态还是病态

害怕心理与孩子身体发育的状况及应对能力有关，会随着孩子体力、智力和经验的发展而不断消失或变换。孩子的害怕心理属于正常状态还是病态，家长可以根据下列问题进行测定。

1. 孩子的胆怯、不安是否只针对某个事物或现象，与这个事物或现象相关的其他因素不会引起他的恐惧？

□ A 是　　□ B 否

2. 离开受惊物或现象后，孩子的惧怕反应是否随之消失？

□ A 是　　□ B 否

3. 在看图片、电视或一般谈话中，如果孩子看到或听到所惧怕的事物或现象，他是否表现出无所谓的样子？

□ A 是　　□ B 否

4. 经历之后，孩子的日常生活是否不受影响？

□ A 是　　□ B 否

小测试

>>> The Test

测试结果与分析

参考以上回答，看看你孩子的害怕反应属于哪种情况吧。

1 如果回答都是“是”

如果对以上问题的回答都是“是”，说明孩子属于正常发育过程中的胆小害怕。

2 如果回答是“否”

说明孩子可能存在心理疾病，尤其是孩子害怕到如下程度就表示不正常了，比如惧怕的持续时间超过 3 周，以至于丧失某种能力。

伴随明显的症状，如心律过速、头晕眼花、恶心和尿失禁等，家长需要及时带孩子到儿童医院检查。

第 1 节

千万别忽视孩子的恐惧心理

- 了解孩子受惊后的反应
- 恐惧也有程度之分
- 抓住规律，帮助孩子应对恐惧

导语

随着孩子逐渐长大，新手家长会发现，孩子对一些特定的事物有恐惧表现，比如，晚上关灯会害怕，一个人在独处的空间里会害怕，看见毛茸茸的玩具会害怕，看见陌生人会害怕，甚至突然不想去幼儿园……家长可能会感到疑惑，孩子年龄小，对有些事感到害怕很正常，但是，为什么提及某些事物会害怕到恐惧呢？是孩子被什么惊吓过还是天生如此？

孩子受到惊吓后的反应

面对孩子的恐惧表现，有的家长选择顺其自然，认为孩子长大一点就好了；有的家长紧张得像惊弓之鸟，担心孩子的童年留下心理阴影。

其实，家长要知道，孩子的心理状态和情绪表达与成年人是截然不同的。家长要站在孩子的角度去理解问题，才会明白他行为背后的原因，帮助他在成长中最大限度地避免伤害，轻松快乐地长大。

恐惧和开心、愤怒一样，是一种心理和情绪反应。当孩子受到惊吓后，往往会有一系列很明显的生理反应，比如心跳加速、呼吸急促、脸色苍白、四肢无力、出冷汗、尖叫逃窜、躲避退缩、郁郁寡欢，甚至痛苦绝望。

恐惧也有程度之分

遇到这样的情况，家长首先要学会判断孩子的恐惧属于哪一种程度。一般来说，孩子的恐惧症状根据其表现程度的不同，可分为 3 种：轻度恐惧、中度恐惧和重度恐惧。

恐惧也有程度之分	
轻度恐惧 ★	对孩子的影响不是很大，随着时间的流逝，或者孩子远离令他害怕的人、物或环境后，大多可自然消失
中度恐惧 ★★★☆☆	需要及时觉察并给予科学的指导和帮助。一旦疏忽，就会给孩子的心理发展留下隐患，甚至影响孩子的一生
重度恐惧 ★★★★★	重度恐惧会严重损害孩子的身体与心理健康。比如经历过大地震的孩子在恢复正常生活后，他们的警觉性增高，晚上难以入睡，浅睡多梦，易惊醒，这时需要家长及时带他去接受专业的心理辅导

抓住这些规律，帮助孩子应对恐惧

除了外界的不可控因素外，家长如何在日常生活中帮助孩子应对恐惧心理呢？

其实，我们从小到大都有很多害怕的事情，只是随着年龄增长，害怕的事物也在变化。不同年龄阶段的孩子，害怕、恐惧的事物也不同，从年龄阶段的分类来看，也有一定规律。家长抓住这些规律，能有效地帮助孩子避免或者应对令其害怕、恐惧的事物。

阶段 1
↓
0～2 岁

刚出生的小宝宝容易被突如其来的声响吓到，这是因为新生宝宝的视觉发育还不完善，看不清周围的事物，只有通过声音及光影变化来识别。由于听觉相对敏感，所以他们容易被突然的声响吓到，并通过哭闹表达内心的惶恐。

比如下雨打雷，烟花爆竹被点燃，或者有人突然大声说话，东西突然掉到地上等，这时需要家长给孩子拥抱和安抚，一方面快速平复其情绪，另一方面帮助孩子建立安全感，让他长大以后更加独立和强大。

阶　段 2

↓

3 ~ 4 岁

3 ~ 4 岁的孩子即将上幼儿园，人生中第一次和妈妈分离，他们的焦虑和害怕都是真实的。同时，他们的想象力也在发展，容易从动画片和故事中假想出一些可怕的画面。家长要提前帮助孩子做好准备，面对孩子容易害怕的事物，不要故意营造和渲染氛围。

这一阶段的孩子最常见的就是害怕和妈妈分开，害怕故事里的鬼怪形象，对穿白大褂的医生、穿制服的警察充满畏惧感。也正是因为很多家长发现孩子害怕的东西，有时为了制止孩子哭闹，或者让孩子更听话，就会故意用这些事情继续吓唬孩子。

比如“再这样就不要你了”“再不听话（不睡觉、不吃饭）就让妖怪把你抓走”，这种起不到安慰作用，反而恐吓孩子的做法，会削弱孩子的安全感，让其越来越情绪化，变得胆小懦弱。

阶　段 3

↓

5 ~ 6 岁

5 ~ 6 岁的孩子担心和害怕的事情又有了新变化，比如，不肯和爸爸妈妈分房睡，家长的当面争吵会让孩子害怕分离、被抛弃等。面对类似情况，建议家长不要对孩子采取强制措施，或者完全忽略孩子的感受。

总结起来不难发现，孩子的害怕和恐惧主要来源于三方面：一方面是认知水平有限产生的恐惧，一方面是情绪敏感带来的恐惧，一方面是外界环境的影响造成的恐惧。

恐惧心理也并非都是负面的，在某些情况下，害怕、恐惧也会让孩子懂得自我保护，学会及时警惕危险的人和事，成功避免意外和伤害的发生。

小课堂

家长要做的是辨别出与孩子成长相关的“正常”的恐惧情绪，学会陪伴孩子一起面对，了解孩子感到恐怖的东西，帮助其建立强大的安全感。既不能低估，但也不要表现出过度焦虑，以免加剧孩子的恐惧情绪。

第 2 节

孩子总说害怕，用这 4 招鼓励他

- 绘本引导讲道理
- 及时夸奖增信心
- 破除孩子的心理障碍
- 提早说明，给孩子心理预期

导语

孩子认识和探索外部世界是逐渐深入的，在这个过程中会有很多让他感到害怕的事情，如面相凶狠的人、高高的滑梯、巨大的雷声、到医院打针、大灰狼或怪物等，有些是实实在在的，有些则是想象出来的。

如果孩子恐惧的事物中有妨碍其成长的，家长一定要帮助孩子突破它，否则孩子将长期惧怕这些事物，不利于孩子的健康成长，甚至会影响其将来的择业等。

孩子害怕真实的事物，家长可以这样做

真实的事物包括高大的东西、外观怪异得令人恐惧的东西、快速且有攻击性的东西，以及可能带来伤害的东西等，家长的应对方法是相似的。

以打针为例来说，几乎所有孩子都害怕打针，有些家长哄骗孩子说“打针一点都不疼”。这种哄骗只有第一次好使，再次打针时，孩子一定会特别抗拒；有些家长鼓励孩子说“勇敢点，你越怕就越疼”，这句话是对的，但并不能鼓起孩子的勇气。孩子面对护士的针管，内心仍旧害怕；有些家长则失去了耐心，用力把孩子按到座位上，任凭孩子哭喊。这些都不是好方法。

YES 场景

萌萌妈妈借助绘本，把需要打针的道理跟孩子讲明白了，让孩子意识到这是对自己很重要的事，能让自己的身体更健康，则容易把孩子内心对自己的责任感激发出来。

对于疼痛，萌萌妈妈也实事求是地向孩子说明，让孩子心里有底，这样接受度会大大提高。

当孩子成功突破自己，妈妈及时予以夸奖，可以很好地巩固孩子的自信心，让孩子下次能更坦然地面对打针这件事。

>>> 小课堂

如果孩子对某个事物特别害怕，家长不能逼迫孩子勇敢，应当给孩子胆小的权利。家长要一点点鼓起孩子的勇气，慢慢接近孩子害怕的目标。

比如，孩子非常怕蛇，不能逼着孩子去摸它；孩子非常害怕长相凶狠的人，不能逼着孩子跟对方聊天。那样会彻底破坏孩子的安全感，久之，让孩子的心理崩溃。可以先给孩子看看照片，再看看类似视频，接着远远地观察，再试着凑近一些观察，循序渐进。

Tips

每一步探索都让孩子确认没有危险，都在孩子的掌控范围内，这样孩子的胆量就能得到一步步的提升。当孩子终于能够直面自己非常恐惧的对象时，内心的自信心、安全感将大幅增强。

孩子害怕想象的事物，家长可以这样做

想象的东西和真实的东西差别非常大。真实的东西是有明确范围的，多数孩子怕蛇，可是孩子很清楚它不会飞，主要靠毒牙攻击，距离较远时就攻击不到自己，因此蛇虽然可怕，但带来的伤害仍然是有限度的。

想象的东西，其可怕则是没有边界的。以孩子怕怪物、怕鬼为例，孩子的想象力有多丰富，它就有多可怕。它会飞、会飘，可以从窗户里钻进来，可以躲在床底下、藏在柜子里，可以单独行动，也可以成群结队，简直防不胜防。

由于是想象出来的东西，无法进行展示，孩子也难以描述。

有的爸爸跟孩子讲道理

那些东西都是你想象出来的，并不是真实存在的，不用害怕。

有的爸爸把家里各处都让孩子看个清楚

你看，并没有任何异物。

有些妈妈采用共情的方法

宝贝，我理解你的害怕。

但是这些都没用，家长理解了，孩子仍然很害怕。这些做法都不能很好地解决问题。

YES 场景

思思妈妈让孩子睡在自己身边，孩子会感受到妈妈是爱自己的；再把孩子想象的东西画出来，这就具体化了，而不再是想象的东西，不会四处飘忽了；最后带孩子一起把画纸烧掉，从而破除孩子的心理障碍，

把孩子安全感中对想象事物的恐惧赶走，利于增强孩子的胆量和自信心。

如果家长这么做，孩子还是非常害怕鬼怪，总觉得屋里有东西，这就超出了孩子常规惧怕的程度，很可能是孩子担心爸爸妈妈不爱自己了。请家长一定要仔细反省一下，看看自己对孩子说话的语气和动作是否有些不耐烦、是否有点顾不上孩子提出的要求、是否关心其他人和其他事超过了对孩子本身。如果是，请马上进行调整。

Tips

这里也提醒家长，这么小的孩子，分不清真实的和想象的事物有什么不同，因此平时不要给他看鬼怪片，也不要讲鬼故事。孩子会认为那都是真实的，容易产生恐惧心理。

第 3 节

社交紧张、怯场的孩子更需要鼓励

- 让孩子在社交中体会快乐
- 利用机会帮助孩子练习社交
- 引导孩子处理社交问题

导语

很多孩子存在社交障碍，如果家里来了客人，他们宁愿躲在屋里；同学一起聚会，别人聊得兴高采烈，他更愿意静悄悄地待在角落里，希望没人注意他；被老师叫起来回答问题，他会手足无措、脸红、心跳加速。

现在是信息时代，大多数事情需要团队协作才能做好，如果孩子存在社交障碍，会对他将来的升学、求职、就业、团队协作、婚姻等产生非常不利的影响。

可以这么说，在条件相似的情况下，懂社交的孩子，以后的发展机会比怕社交的孩子多得多，发展前景也好得多。因此，家长要尽早引导和培养孩子的社交能力，消除孩子的紧张心理。

学会 3 招，培养孩子的社交能力

1. 让孩子在社交中体会到快乐

家长一定要设法让孩子在社交中体会到快乐，这是提升孩子社交能力的关键。只要孩子体会到快乐，他就会对下一次社交充满期待，并表现得更积极主动、更自信。这样的训练越多，孩子的社交能力就能不断得到提高。家长要主动表扬孩子。孩子每天总会和不同的人说话，只要孩子主动开口，就主动夸赞他。

YES 场景

例如，孩子跟老人打招呼，家长就夸孩子懂礼貌、声音悦耳动听：“看见奶奶朝你笑了吧。你问候‘奶奶早’花 2 秒，奶奶会高兴 1 小时的。”

孩子跟小伙伴玩玩具时，家长可以偶尔说几句话，夸赞孩子懂得照顾小伙伴的情绪，主动和别人聊天，情商真高。

孩子给家人即兴表演了一个小节目，家长可以不惜溢美之词地夸他优美大方、嗓音甜美、举手投足间有大家风范。家长不仅要用口头语言来夸孩子，还要配合肢体语言。可以微笑着拥抱孩子，摸脑袋、拍肩膀、竖大拇指，夸他一天比一天说得好，越来越会表达了。

每周对孩子的社交表现进行评估，开始时只要孩子肯和别人说话，不论具体表现如何，都是“优”，可以表扬他，给他买喜欢的玩具，带他吃平时很少吃的美食。

一个月以后，继续表扬孩子，可以在表扬中稍微提点小要求，比如“你今天夸果果了。果果很高兴，做得好；如果具体些，夸果果拼图拼得快，就更好了”，然后根据孩子的接受程度和表现，逐步提出更多要求。这样，孩子的社交意愿会越来越强烈，口才会越来越好。

Tips

家长要注意的是，希望孩子有所提高和改正时，不要用批评的方式，而要在表扬中提出来。

2. 利用各种机会帮助孩子练习社交

家长要随时随地利用各种机会训练孩子的沟通交流能力，比如：

- 让孩子陪老人聊聊天，嘘寒问暖，给老人捶捶背、捏捏腿
- 请老师经常提问孩子，让孩子当众发言
- 带孩子下楼遛弯时，见到保安、保洁员，说声“您辛苦了”

生活中可以用来练习的机会非常多，只要家长不怕辛苦、不嫌麻烦，练习机会比比皆是。当孩子会聊天以后，和陌生人说话就不会胆怯了，不仅社交心理关过了，甚至能和别人聊上好几分钟。继续让孩子不断练习，他的沟通交流能力会越来越强大。

3. 带孩子学习如何处理社交问题

家长要带孩子学习如何处理社交问题。纯粹闲聊的社交并不多，日常社交大多是带有目的性的，让孩子学会听清对方的要求，说明自己的期盼，然后寻求双方都能接受的平衡。

例如带孩子去批发市场买衣服和鞋子，让孩子自己询问尺码，如是否有某品牌、什么价格、能便宜多少；带孩子去菜市场，让孩子主动问价，主动砍价；网购的时候，也试试让孩子跟客服要礼品、包邮及其他优惠等。

Tips

家长要提醒孩子，在向别人提问时要把语速稍微放慢一些，让别人听清楚。

倾听别人说话时，要用心抓住要点；如果没有听清楚，要请对方再说一遍。

家长要尽量让孩子独立处理社交中的问题。

YES 场景

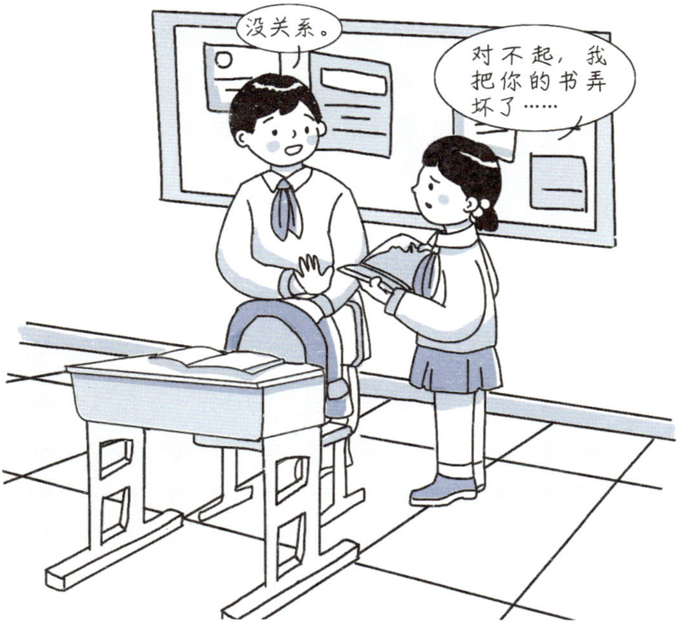

玩玩具时发生争执了，家长不妨先看看孩子是怎么处理的，即便处理结果是孩子忍让了，那也没问题，这是孩子在独立处理他的问题，家长不要太“玻璃心”，认为自家孩子吃亏了。

孩子相互之间借书、玩玩具等，有可能出现物品损坏的情况，此时，家长可以先让孩子独立处理，看看他如何沟通。如果孩子大度，那很好，说明孩子的心胸宽广，以后容易形成宽容、不计较的性格。只有当孩子争执不下时，家长才帮忙协调。

第 4 节

经常做噩梦的恐惧，多半因为家长

- 接纳孩子的情绪
- 不能溺爱孩子
- 不可随意发怒
- 不可过分指责

导语

各位家长有没有遇到这样的情景：去游乐场玩，孩子不敢玩滑滑梯，任凭你怎么说也不愿意；孩子看见陌生人就想躲，别说打招呼，连眼神交流都不敢；孩子晚上睡觉不让关灯，说怕黑，怕做噩梦……

很多 3 ～ 6 岁的孩子会出现恐惧心理，3 岁时尤其明显。那么，为什么孩子会怕这怕那？恐惧感到底从何而来？

其实，恐惧感不会从天而降，也不会天生带来，大部分孩子的胆小懦弱是被大人“养”出来的，也就是说，是因为家长的教养方式不对。每个“问题孩子”的背后，一定会有一个“问题家长”。

看看这些小实验

行为主义心理学家做过一些实验，比如，让小宝宝接触毛茸茸的兔子或者湿漉漉的青蛙，甚至没有毒的小蟒蛇。我们会吃惊地发现，小宝宝对这些东西其实都不害怕。

但同时，美国心理学家约翰·华生在 1920 年做过一个经典的恐惧形成实验——小阿尔伯特实验。

>>>

小阿尔伯特是华生从医院挑选出来的孩子，他接受实验时只有 8 个月 26 天。

第一次和一些小白鼠、小兔子等小动物待在一起时，小阿尔伯特对这些毛茸茸的东西表现得既兴奋又开心，并无害怕和恐惧。

当小阿尔伯特试图触碰小白鼠时，华生和助手就在他身后用铁锤敲击铁棒。铁棒发出刺耳的响声，同时观察并记录小阿尔伯特的反应。

在触碰小白鼠时，铁棒敲击声响起，小阿尔伯特丢开小白鼠，并大声哭起来。随后，只要小阿尔伯特想去摸小白鼠，华生和助手就会敲击铁棒。

重复这样的行为多次之后，小阿尔伯特只要一看见小白鼠，就会露出惊恐的表情，还会哭着转身躲避。即使华生停止敲击铁棒，其表现也一样。

华生通过建立条件刺激使小阿尔伯特形成了获得性恐惧心理，然后这种恐惧被具象化了，这对小阿尔波特的影响远不止于此。

第一阶段实验结束 17 天后，再次来到实验室的小阿尔伯特对带有毛的一切事物都表现出害怕。看到曾经很喜欢的小兔子、小狗也表现出相同的恐惧。华生戴上圣诞老人的面具，可怜的小阿尔伯特看到白色、毛茸茸的胡子都会吓得号啕大哭。这个实验在历史上非常著名，但也因非常不人道而臭名昭著。

比如孩子看到狗，家长由于怕孩子乱摸，突然用力地把他们拽过来，甚至大声嚷嚷。这种方式会造成孩子对狗的恐惧心理。吓到他们的并不是狗，而是家长的反应。

由此带来的启示是，家长在养育孩子过程中的示范与引导，是孩子建立事物与情绪反应的重要参照。

也就是说，通过研究发现，孩子的恐惧心理其实与家长不当的教育有很大关系。

容易引发孩子恐惧心理的行为

1. 过度溺爱和保护

在孩子喜欢自由探索的空间敏感期，如果家长出于安全考虑，过于焦虑，处处给孩子设限，动辄呵斥孩子，容易让孩子获得这样一种意识——这个世界是不安全的，充满危险。

事实上，孩子的发展必须通过对周遭事物的探索、触摸、观察与互动。孩子的成长是一个主动感受和体验的过程，家长不能剥夺。即使是一些失败的、痛苦的经验，也是他自己的经验。这样做，有利于他获得成功、愉悦的经验，以建立起自己的自信心、勇气和对他人的信任。

因此，家长若是经常将每件事视为危险、困难的，事事都帮孩子出主意或代劳，容易让孩子缺乏信心；同时会让他认为环境中的大小事物都是危险的，自然容易有不适，且产生畏惧心理。

2. 家长过度恐吓

很多家长喜欢在教育孩子时，用一些带有恐吓性的言辞让孩子顺服，比如：

不要你了，我要把你送给别人！

你不洗头，头发就会发臭，小朋友都不会喜欢跟你玩。

你不洗手就吃东西，待会小虫子爬进你的肚子里。

类似的话，言者无心，听者有意。孩子还小，理性分析能力不够，缺乏生活经验和常识，家长一时脱口而出的话却有可能让孩子信以为真，陷入恐惧之中。

久而久之，因为被吓坏而暂时的顺从，慢慢变成扎根心底的恐惧，孩子会越来越胆小。

3. 标签效应

美国心理学家贝科尔认为，人们一旦被贴上某种标签，就会成为标签所标定的人。每一位家长都希望自己的孩子像小超人一样勇敢、有力量，面对外界的困难无所畏惧。

现实中，很多家长没有给孩子足够的安全感和耐心，引导他去探索，只会大声恐吓，比如：

怎么大家都敢上台，就你什么都不敢！你胆子真的太小了，一点都不像个男孩。

孩子在家长威胁的口吻中逐渐变得胆小、怕事且焦虑，家长却给他贴上“胆小”的标签。家长要用积极的语言，多鼓励、认同孩子。了解孩子恐惧的原因之后，家长就可以“对症下药”了。

Tips

通常轻度恐惧无关大碍，随着孩子的长大会自然消失。

中度恐惧会给孩子的生活带来一系列不利影响，甚至在其心理上造成后遗症。

最可怕的是孩子陷入重度恐惧中，终日心神不宁，神情呆滞，噩梦不断，对他的健康成长极其不利。

拒绝过度行为，帮助孩子克服恐惧

1. 接纳孩子的情绪

理解孩子的恐惧是第一步，不要让孩子隐瞒自己的恐惧。不论孩子害怕什么，家长都要坦然面对，并告诉他这很正常。

同时要在平时多和他沟通，经常给他普及一些常识，帮助孩子击退恐惧感。当孩子明白了其中的道理，自然就能淡定下来。

YES 场景

2. 不能溺爱孩子

溺爱孩子有百害而无一利。被家长无微不至地保护着的孩子，宛如温室中的花朵，不能受外界风雨洗礼一样。这样的孩子什么都依赖家长，没有任何独立性可言，一旦脱离“保护”，会对外界感到恐惧，完全没有勇敢、坚毅的性格。

3. 不可随意发怒

家长随意发怒，只会让孩子产生畏惧，以后什么都不敢做，或是没有主见，只知道“唯家长之命是从”。

4. 不可过分指责

对孩子的错误，家长要温柔地指正。指责不是目的，帮助他们改正错误，建立良好的行为方式才是目标。

小课堂

过分指责只会让孩子觉得自己一无是处，自信心、自尊心大受打击，使之将来对陌生的事物更加恐惧。

第 5 节

学会给孤僻、爱退缩的孩子赋能

- 安静孤独型
- 沉默寡言型
- 活跃孤独型

导语

家长都希望自己的孩子性格活泼开朗，善于交际，讨人喜爱。但在我们身边，很多孩子在生活和学习中都喜欢独来独往，喜欢自己玩耍，并不合群。其实，这是孩子性格孤僻、爱退缩的表现之一。

相关研究显示，个体成长后期所表现出的一系列认知及行为发展问题（如学业困难、社交频率低、有侵犯行为、有孤独感、有焦虑抑郁、低自尊感）均与个体早期的孤僻、退缩行为有密切关系。

这样解读才正确

学前期是孩子孤僻、退缩行为发展和干预的关键期。作为家长，正确认识孩子的孤僻、退缩行为，了解其行为背后的原因，学会用合适的方式给孩子赋能，尤为重要。

孤僻、退缩分为 3 种类型

在临床上，孤独、退缩主要分为 3 种类型，即安静孤独型、沉默寡言型、活跃孤独型。下面对这 3 种类型的表现进行详细的成因分析，家长先对照看看吧。

1 安静孤独型

指的是在同伴环境中，孩子独自进行结构游戏和探究活动的行为。这些孩子不喜欢社会活动，喜欢独处，反映了低交往的趋近动机和低交往的回避动机。

这类孩子没有社交能力的缺陷，有能力参与同伴互动，是比较良性的退缩行为。

成因分析

安静孤独型的孩子，他们更喜欢与成人交往。对独生子女来讲，爸爸、妈妈、爷爷、奶奶对其格外疼爱，孩子的各种要求几乎被无条件满足，总是有人在陪孩子玩游戏、讲故事，这样他们就难以产生寻找同龄伙伴玩耍的动力。

另外，孩子在和成人交往的过程中，成人总会让着他，而在和同伴交往时，就需要商量、协商，甚至出现冲突的时候还要想办法解决。

对于没有丰富交往经验的孩子来说，会让他们觉得很麻烦，宁愿自己一个人玩，或者只和成人交往，而不愿和同龄孩子接触，因此就会出现安静孤独型的退缩行为。

沉默寡言型

指的是面对任何社交群体表现出的旁观和无所事事的行为。如某些孩子喜欢站在游戏群体后面观看，虽然知道游戏规则，却不去参与到游戏当中。

这种行为反映了他既想去又想逃避的冲突——既想参加，又怕参与同伴互动，因而会出现矛盾、胆小、拘谨等情绪问题。

2

成因分析

沉默寡言型的孩子，有的是外部因素导致的，有的可能是出于内部因素而惧怕交往。

Tips

01

外部因素

有时候，孩子本来愿意和小朋友一起玩，可是家长等长辈担心孩子受欺负或其他原因，限制他与小朋友来往。久而久之，孩子虽然想参与活动，但是碍于受到的教育思想，选择孤僻。

02

内部因素

有时候，由于孩子本身的内在情绪偏消极，其对自身的评价影响着个体对外界威胁的感知和自身应对的反应。消极的自我评价增加个体知觉到的危机和压力，使孩子在交往过程中处于不利的地位，害怕被拒绝、被伤害，所以选择退缩。

对于外部因素来说，不正确的教育理念可能会让孩子趋向抑制性的气质，长此以往，会造成孩子不能很好地参与群体互动。

对于内部因素而言，对自我概念进行消极评价，会造成孩子交往地位的劣势和缺失社交的积极主动性。

3

活跃孤独型

活跃孤独型孩子喜欢参与同伴互动，交往趋近动机高，回避动机低，但因常被同伴拒绝而不得不独自活动，被迫出现孤僻、退缩的行为现象。这反映了冲动和不成熟的特点，表现为频繁的、夸张的独自游戏，包括喧闹、重复和多动的行为及夸张的戏剧性表演动作等。

成因分析

活跃孤独型孩子以自我为中心，认为冲动、喧闹行为没有错。这些孩子喜欢参与同伴互动，但是在互动中表现得过于以自我为中心，遇到问题不会用合适的方式加以解决，表现出冲动、暴躁。

如在集体绘画活动中，某些孩子率先完成任务后，开始频繁干涉他人的作品创作，提高音量以使他人接受自己，却遭到同伴拒绝。长久以往，孩子则被迫出现孤僻、退缩的行为。

这时，如果孩子的行为没有得到引导和制止，就会增加其此类行为的发生频率。交往时往往遭到同伴的拒绝和否定，被迫选择回避和退缩，从而变成活跃孤独型孩子。

积极引导，帮助孩子正确社交

1. 多给孩子提供与他人接触的机会

在公园、游乐场玩耍时，有些小朋友会很自然地玩到一起去；有些小朋友很想参与，却不知道怎么跟陌生人交朋友，要么很害羞、懊恼，要么很抓狂。

让孩子学习如何跟别人打交道，最好的办法就是给他充分的尝试机会和社交机会。为孩子打造“社交圈”，家长可以让孩子多接触周围同龄或年龄相仿的孩子，多给孩子创造社交环境。

YES 场景

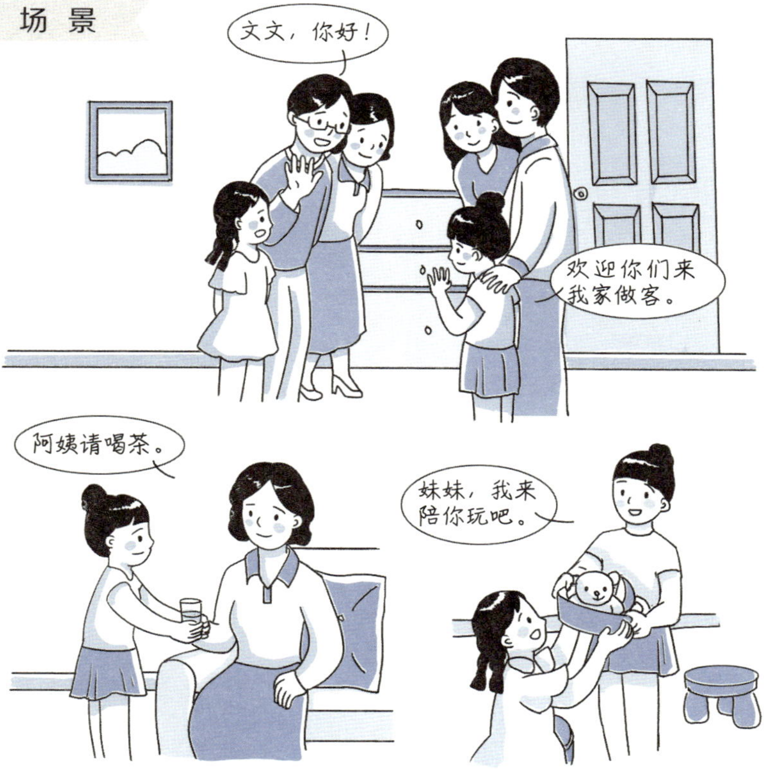

因为孩子接触的人多了，能获得锻炼的次数就越多，久而久之，孩子自然会在人际交往过程中学习和掌握一些规则和技巧。

在此后的人际交往过程中，他就会更有信心，并且乐于处理复杂的社交问题。这就为孩子今后进入小学、中学、大学及社会的人际交往奠定良好的基础。

2. 家长正确引导

针对外部因素和内部因素导致的孤独、退缩行为，家长需要正确且积极地引导孩子。

同样也需要家长先端正自己的观念，再积极倾听，引导孩子把内心的话说出来。

Tips

01

如何应对外部因素

对于孩子惧怕交往的外部因素，家长要纠正自身的教育理念，要理解“不爱干净”是孩子的天性，可以被理解、被接纳，不能以此作为让自己孩子排斥与“脏孩子”交往的理由，同时会对自己孩子的心理产生不良影响。

02

如何应对内部因素

对于孩子惧怕交往的内部因素，家长要引导孩子多说话。说话能力是交际能力的核心，因为人与人交往，最直接的形式就是说话；同时学会倾听，有利于孩子学会友好交往。

如果孩子在交往过程中获得愉快的体验，且有成功的经验，那他在自我认识方面就会产生很好的自信心，对自己的评价更高，更有利于下一次的表达。

3. 纠正孩子的不良做法

这样解读才正确

对于孩子过度自我而造成他人不接纳，导致被动退缩的情况，家长要加以教育和引导，如耐心引导孩子站在他人的角度思考，体会自身做出不良行为时他人的内心感受。

对于孩子抢夺玩具、玩耍时喧闹的无秩序行为，要进行纠正，让他学会感受他人的想法，尊重别人、尊重规则，切实感受到自己行为的错误给别人带来的不适感，这样有利于得到交往对象的接纳，从而消除孩子孤僻、退缩的行为。

第 6 节

不敢承认错误，胆小的孩子这样教

- 家长以身作则
- 不要把犯错搞得很严重
- 不要给孩子太多限制
- 让孩子为“甩锅”承担责任

导语

朋友的孩子非常优秀，不仅学习成绩好，体育也很好。但是孩子有个比较大的问题，就是特别不能接受自己有可能会犯错这件事。

比如前段时间，他和妈妈一起出去旅行。妈妈让他把自己的护照本随身携带好。结果到达机场，孩子才发现自己完全忘记这件事了。孩子的说法让我这位朋友难以接受，他说：“这不是我的问题，出门时妈妈你没有再次提醒我。”

这类孩子有一个特别明显的特征，就是一旦犯了错误，坚决不承认，反而会找各种理由，或者闭口不谈。

可以说，在某种程度上，这类孩子从心理上不能接受承认错误这个事情，是抗挫力差的表现。

面对这样的孩子，家长如何做，才能教会孩子积极地解决问题而不是逃避责任呢？

家长要先理解孩子，不能简单指责孩子这种行为。因为成年人犯错，第一选择也往往是逃避，心理成熟度不够的孩子更明显。

Tips

要想让孩子的内心变得强大，抗挫力更强，即便犯错误，也能勇于面对并积极地解决问题。

在日常生活中，家长可以通过以下 4 种方法来帮助孩子接受自己的错误，并且直面错误。

巧用 4 种方法，帮助孩子直面错误

1. 家长要以身作则

家长可以每周开一次家庭总结会，让孩子也参与进来。总结会上，家长分别总结自己这一周都做了哪些事情，做得好的事情表扬一下；哪些做得不够好的，下次要记住。比如：

- 没有随意向孩子发脾气，值得表扬
- 每天都抽出时间陪孩子聊聊学校趣事，值得表扬
- 面膜买得不好，下次挑选的时候要仔细比较

家长经常带着孩子参加这样的活动，久而久之，孩子就会明白犯错是很常见的行为。

2. 不要把犯错搞得很严重

有些家长特别胆小怕事，生怕树叶掉下来砸破孩子的头，发生一点点小事就紧张得不得了，似乎天要塌了。这很不利于培养孩子的抗挫力。家长要注意调整自己。

孩子害怕承认错误，很大程度上是因为自己知道犯错不对，害怕受到别人的谴责。这很可能是家长对犯错特别看重，孩子一有错误就被揪住不放。孩子还小，犯错是难免的。他一出错，就担心受到惩罚，于是百般抵赖，问题的根源还是在于家长。

Tips

家长要有平常心。犯错也是生活的一部分，不要总是批评孩子，帮助孩子总结错误经验比批评孩子更有价值。

家长这么做，孩子犯错以后就不会只选择逃避，而是会直面错误，寻找解决问题的方法。

3. 不要给孩子制定太多规则和限制

制定原则即可，具体怎么做，让孩子自己去尝试。

规则过多，孩子理解能力又有限，会认为不按照规则做就是错的。于是，孩子不敢越雷池半步，积极性和主动性都受到压制，久之，不利于将来的发展。

4. 告诉孩子，“甩锅”要承担责任

这一点要跟孩子说清楚，犯错不可怕，谁都会犯错，连家长自己也会经常犯错，错了就改，但不能“甩锅”。

YES 场景

如果发现孩子“甩锅”，要有惩罚措施。第一次要警告孩子，第二次要扣除其当月的奖励，比如不能出去野餐、不能买玩具等。同时，家长在总结会上也要做自我批评，从而帮助孩子树立正确的价值观。

如果孩子一直“甩锅”，就会慢慢养成习惯。走上社会以后，别人不会愿意跟这样的人合作，这会让孩子难以交到真心朋友，更难以做成大事。

对照以上 4 种方法，再一起回头看看开头说到的那个案例。忘记带护照本这件事，是孩子犯的一个错误。妈妈的纠结点在于为什么孩子不肯承认，但妈妈没有反思自己平时是否给孩子做出了榜样。如果一直在孩子面前树立高大形象，家长表现得自己从来不犯错，那孩子也就不敢犯错，一旦犯错，当然想抵赖。

小课堂

当孩子犯错后选择逃避和“甩锅”，家长的处理方法非常重要。正确引导能帮助孩子树立正确的价值观，反之则可能让孩子在错误的道路上越走越远。

有些家长会说，我家那个孩子就是胆小，生怕说出来会被骂，这是性格决定的吧。

诚然，孩子的性格千差万别。有些孩子确实可能因为胆小而不爱说话，其中就包括不敢承认错误这一点，但是这些都不能作为可以不承认错误的理由。以上 4 种方法其实也完全适用于胆小的孩子，关键是家长要作出示范。如果家长做不到，在孩子眼里从来不犯错，错了也找各种理由，那么，怎么能期望孩子主动认错呢？

有些家长还会建议孩子多跟朋友说自己哪里犯错了，让其他小朋友去引导孩子，或者事后去问那个小朋友。其实，这样是不对的。

家长才是孩子最亲密的人，如果家长都建议孩子去找亲近的朋友诉说，那在孩子看来，来自家长的安全感和亲密感又怎么保证呢？

如果让孩子感到这个世界上没有谁值得依靠和信赖，他就会缺乏安全感。要想让孩子的内心变强大，抗挫力更强，即便犯错误，也能勇于面对并积极解决问题，家长需要以身作则，成为孩子的榜样。

不要夸大错误，让孩子恐惧；同时，不要过度压制孩子的积极性和主动性；也要让孩子明白，要为自己的“甩锅”行为承担责任。

我的 从容养育

让孩子主动迎接挑战，不做“逃避王”

遇到竞争就逃避，你家有这样的孩子吗？这类孩子的抗挫力差，遇到一点点竞争就感到压力巨大，认为自己承受不了，因此选择逃避。

比如体育课上要测验跑步，他就说肚子疼，要请假。面对这样的孩子，有什么实用的方法能让他不再逃避，而是主动应对挑战呢？

先让我们一起来认识一下竞争对于这类孩子来说意味着什么。孩子天生就有竞争意识，为什么有的孩子还会害怕竞争呢？可见是后天的培养出了问题。这一问题可能是孩子自卑、不自信造成的。

竞争的结果总是优胜劣汰。如果家长总对孩子说“你可不能输”“你一定要赢”这类话，总是自作主张地为孩子安排不擅长的“竞争”，那样只会挫伤孩子的自尊心和积极性，让其变得自卑而不敢参与竞争。

NO 场景

孩子害怕竞争，也可能是害怕负责任或害怕被家长谴责。这类孩子的家长往往是包办型的。孩子衣来伸手、饭来张口，自己没有独立承担过什么事情。

孩子不敢参与竞争，还可能是没有掌握与人合作的方法。竞争与合作是互生的，竞争不是处处与人相争，中间也会有很多合作。

如果只要竞争而不要合作，与全世界为敌，一个人孤单奋斗，对孩子将来的生活和事业发展都非常不利。

在了解孩子不爱竞争的成因之后，家长可以试试以下 4 种方法，帮助孩子爱上竞争，积极面对挑战。

第一 鼓励孩子，让孩子学会自己尝试

不爱竞争的孩子往往有一个共同特点，就是被照顾得太细致周到，根本没有参与竞争的机会。这个机会其实是需要在家庭养育环境中、学校环境中培养的。家长要适当放手，要求孩子“自己的事情自己做”，鼓励孩子做各种尝试。

YES 场 景

如果学校有什么参赛机会，例如舞蹈、画画、音乐等，不管孩子会不会，都应尽量鼓励孩子去试试。只要孩子勇敢尝试了，就表扬他、拥抱他。

孩子一看，尝试一下就有这么好的待遇，那下次一定会留心还有什么机会，生怕错过了。这样，孩子就会很期待新的竞争机会。

第二 培养孩子的技能

家长要有意识地培养孩子常见的技能，比如书法、唱歌、舞蹈、弹琴等。作为今后的爱好，并不需要孩子精通，什么都懂一点就行。可以给孩子报班，进行相应培训。孩子有基础了，心里就有底气，就敢于上场了。

如果家长要培养孩子某方面的专长，比如希望孩子今后把舞蹈作为自己的发展方向，靠简单的培训就不够了，要请专业的老师进行专门辅导。这个时候就不是为了参加学校的小比赛，而要把眼光放到整座城市，甚至整个省，要求完全不一样。

第三 鼓励孩子交朋友，找到志同道合的小伙伴

这样能让孩子感觉到自己不是孤军奋战，有任何事情，除了家长以外，还可以和小伙伴一起商量。

比如孩子学书法，家长要问问班上还有没有其他小朋友在学，鼓励

孩子与同学一起结伴做好朋友，相互交流，相互鼓励，共同提高。可以经常请小朋友来家里玩、过生日聚会等。

Tips

孩子慢慢长大，家长不可能一直在其身边陪伴。孩子有朋友，内心就不孤单。由于都是孩子，朋友常常更能理解自己，提供的方法也有可能更有效。孩子有朋友，做事更持久，内心更强大，更敢于直面竞争。

第四 鼓励孩子参与，不能责备结果

只要是竞争，就会有名次。孩子可能获得好名次，也可能成绩不理想。孩子参加竞争，肯定也想取得好成绩，但结果不是他能左右的，若拿不到想要的名次，很正常，不必责备他。万一孩子拿到名次，那就是意外之喜，可以适当奖励。

划重点

家长不能太“玻璃心”、太功利化。“重在参与”这句话要落实到行动上，只要孩子参与了，目的就达到，就该表扬他、拥抱他、奖励他。

相信只要家长采用了上述 4 种方法，那孩子在面对竞争时，更多的会是一种享受的心态。这也是孩子抗挫能力大大增强的表现。

Chapter 5

悲伤与低落，
是孩子对压力的不知所措

小测试

>>> The Test

你知道自己是哪种家长吗

>>> 测试说明

在下面题目中，选“A”，计 1 分。选“B”，计 2 分。选“C”，计 3 分。选“D”，计 4 分。将各题得分相加，则为测试总分。

1. 和孩子来到一个陌生的地方，你会怎么做？（　　）

A. 紧紧拉着孩子的手，自己费心思索往哪里走

B. 紧紧拉着孩子的手，和他探讨往什么方向

C. 放开孩子的手，自己寻找目标，让孩子跟着

D. 让孩子牵着自己的手，想看看他会将自己带向何方

2. 和朋友聚会时，谈到孩子的话题，你会怎么做？（　　）

A. 展示自己孩子的各种优点

B. 多提自己孩子与众不同的方面

C. 说自己孩子的缺点

D. 对孩子的各种行为说出自己的看法

3. 孩子不小心要摔倒，你会怎么做？（　　）

A. 自己紧张地叫起来，疯狂抱住孩子

B. 马上扶住他，并且提示他摔倒很危险

C. 不紧张，能扶住就扶住，扶不住也不担心他会摔伤

D. 看着孩子摔倒，让他感受摔倒给自己带来的危险

小测试

>>> The Test

4. 带孩子一起去春游，你会怎么做？（　　）

A. 自己背着包包，手牵孩子，直奔目的地

B. 自己背自己的包包，孩子背他自己的包包，一同直奔目的地

C. 让孩子为自己背些东西，让他自己知道目的地在何方

D. 让孩子牵着自己，一同背着东西，在去往目的地的路上共同谈论目的地

5. 看着自己的孩子与其他小朋友在一起，你会怎么做？（　　）

D. 看着孩子们在一起特别幸福，希望他们长大后都有幸福的生活

A. 认为自己家孩子干啥都比别人强

B. 考虑怎么才能让孩子克服一些性格上的缺点

C. 考虑如何才能让孩子更好地发挥性格优势

6. 当孩子把地球涂成黑色时，你会怎么做？（　　）

A. 认为孩子做得不对，应该把地球涂成蓝色绿色相间的

B. 认为孩子的创意、思维真够厉害的

C. 认为孩子真有想法

D. 反问自己为什么没有这种想法，认为该向孩子多学习

7. 就孩子上学，你最担心的是什么？（　　）

A. 学校没有家里照顾得周到，孩子吃不好，没有保姆随时照顾

B. 孩子的学习成绩

C. 孩子得不到更好的教育

D. 希望在应试教育体系下，孩子能成为有用之才

# 小测试
>>> The Test

8. 孩子手上有 100 元，你最想让他做什么？（　　）

A. 为他存起来

B. 希望他买书、文具等学习用品

C. 为自己花掉

D. 能够捐一两元给贫困的孩子

9. 在餐馆里给家长过生日，你最在意什么？（　　）

A. 担心人多，自己孩子没吃好，为自己孩子先抢一堆吃的

B. 孩子没礼貌

C. 让孩子先挑食物，恭敬给爷爷奶奶

D. 结束时让孩子拿钱包带自己去结账

10. 为孩子过生日，你会怎么做？（　　）

A. 请一天或者半天假，为孩子准备吃的，提早买好生日礼物

B. 会以考试为条件，鼓励孩子要生日礼物

C. 家里长辈（爷爷奶奶）不过生日，不会为孩子过生日

D. 会与老婆 / 老公商量一下，给孩子生日当天买一个小礼物

11. 自己的孩子和别人的孩子有争执，你会怎么做？（　　）

A. 非常气愤，拉着孩子去找对方的孩子算账

B. 会问问孩子是怎么回事，然后找别人孩子的家长理论

C. 安抚自己的孩子，或者转移他的注意力，认为孩子争执很正常

D. 事情已经发生，需要根据自己孩子的解释，告诉他如果再发生类似情况该如何做

小测试

>>> The Test

测试结果与分析

1

总分：11 ~ 18 分

顶 级 极 品 类

说 明

这类家长往往对孩子是放在手里怕摔了，含在嘴里怕化了，为孩子考虑得尽善尽美，恨不得自己就是孩子，帮他做完所有事情。

对于孩子身体健康方面会特别小心，他有个小病小痛，你会特别紧张孩子哪里出问题了。在学习方面，你只希望孩子考第一，尤其在意孩子的成绩，最喜欢给孩子报课外补习班。你总喜欢用自己的判断标准去引导孩子。

建 议

1. 适当地放手，让孩子有独立成长的空间，多和他沟通，试着去了解孩子的思维，鼓励他们自己去做事情。无论对错，对他们来说，体验过程和自己产生的感受最重要。

2. 孩子间也有平等沟通，尊重他们的思维，发现他们更多的兴趣。

3. 让孩子与你沟通他的想法。在你的鼓励下，让孩子独立行动。

小测试

>>> The Test

2

总分：19 ~ 27 分

传 统 圈 养 类

说 明

你并不是很在意孩子的生活，但是对他的管教也相当严格。你非常尊重传统的教育理念。

对于孩子的健康，你虽然很紧张，但不是非常担心，很有信心能够让他健康茁壮地成长。在学习方面，你最在意的是孩子的学习成绩，希望他永远考第一名，希望孩子参与各种课外补习班。除了学习，在其他方面鼓励孩子按照自己的想法去做。

建 议

1. 多挖掘一些孩子的课外兴趣，不要总沉浸在学校传统的书本教育中，多了解一些优秀的教育方式方法。

2. 给予孩子更多实践机会，多动手，将书本中的东西对照于实际生活，寻找答案。

3. 让孩子多给你提意见，让他有生活的决策权。

小测试

>>> The Test

3

总分：28 ~ 36 分

共同发展类

说 明

你属于特别开明的家长，在做事情的时候总是与孩子平等沟通，与他讨论问题的解决方式，从中知道孩子的兴趣和爱好，以便在他擅长的领域里培养生存能力。

在健康方面，你有时会让孩子自己照顾自己，只是在必要的时候协助他。在学习方面，你并不在意孩子在学校的考试成绩是否优异，在不是特别差的情况下，尽量给予他自我成长的空间。

建 议

1. 建议在孩子对某件事感到特别无助的时候，多给他关爱。在鼓励他解决问题的时候，让他知道你是他最大的支持者。

2. 给予孩子在关键事物上的分析判断，综合看待问题的能力。

3. 让孩子担当重任，其抗压能力会越来越强。

小测试

>>> The Test

4

总分：37 ~ 44 分

超 越 自 我 类

说 明

你已经是个对教育非常在行的家长。让孩子做的事情，都是你经过长期的生活经验总结下来而认为应该着重培养的。克服人的弱点，培养适应社会的生存能力，让孩子从小知道如何看问题及解决问题。

在健康方面，你是很在意，但是并不希望他养成依赖的习惯，所以，生病会成为你教育孩子的合适机会。在学习方面，你希望孩子不背下课文也能有优异的成绩。

建 议

1. 多给孩子一些关爱和支持，让他知道无论什么时候，你都是他最大的支持者、最爱他的人。

2. 给予孩子适当的宠爱，让他知道这是你的爱。

3. 让孩子更信任你，并愿意从小承担家庭和社会的责任。

第 1 节

悲伤是一种正常的情绪反应

- 认真倾听孩子述说悲伤
- 让孩子理解家长的情感冲突

导语

在日常生活中，家长往往觉得孩子的情绪简单又直接、明显又强烈，心理还没有那么成熟，偶尔难过、伤心、流泪都正常，但像悲伤这样严重的情绪似乎不该出现。或者说，家长并不理解孩子的悲伤情绪是从哪里来的。

其实，孩子的心理是敏感而脆弱的。他们的悲伤情绪来源，有些是家长不以为然的事情，有些是出于重大的经历或创伤。

当发现孩子出现悲伤甚至抑郁情绪的困扰时，家长需要找出孩子情绪困扰的主因，然后“对症下药”，帮助他去除情绪障碍，让其情绪发展重回正轨。

第一种：自己喜欢的宠物“不见了”

孩子天生喜欢各种小动物，也有天然的保护欲。我们经常在网络视频里看到，爸爸要宰鱼，孩子则大哭不止，想要赶紧把鱼保护起来。

还有一种是和孩子朝夕相处的小宠物，比如小猫、小狗、小兔子等，感情很深厚，这些小宠物像是孩子的小伙伴。如果某一天小宠物因为生病或者其他意外死去，孩子会非常伤心，号啕大哭。即使过了一段时间，他也会在日常生活中触景生情，怀念小宠物曾经带给自己的快乐。

小课堂

遇到这样的悲伤事件，家长不要急着马上转移孩子的注意力，可以陪伴在他旁边，听他断断续续地倾诉，让他感觉到家长是可以体会他当下的感受的，并告诉他“爸爸妈妈和你一样悲伤”；不要盲目地制止或指责孩子，给孩子一个释放悲伤情绪的出口，让他难过的情绪得到正常的排解。

第二种：家长之间的情感冲突

如果家长情感破裂，甚至到了离婚的地步，对孩子的影响是不可忽视的。不同年龄的孩子，对于离婚的认知和理解不一样。

年纪小的孩子可能没办法完全理解离婚是什么意思，甚至认为家长之间发生的每一件事情都与他相关。于是，很多孩子会认为家长离婚是他自己造成的，以为是因为自己学习不好、不听话等。

家长情感破裂的方式和程度的不同，孩子所表现出来的情绪和行为也不一样。

最常出现的两种情绪是悲伤和生气，因为这两种情绪是让孩子产生“问题行为”最多的情绪，比如：

1

孩子生气时出现暴力行为，如打人、言语暴力、丢东西，甚至自残。

2

孩子整天闷闷不乐，郁郁寡欢，学习时无精打采，连玩耍都提不起劲。

面对这样的情况，要告诉孩子，家长之间发生的任何事情都不是他的错。同时，鼓励孩子和家长分享他的情绪和感觉，并且接纳他产生的每一种感觉。

家长可以告诉孩子，他现在出现的每一种难过情绪都是很正常的，或者给孩子一个适当的情绪空间，告诉他如果暂时不想讲也没关系。

现在的孩子学业压力很重，对家长来说，除了注意观察孩子在生活上的需要及变化之外，更重要的是给予心理安慰和陪伴。

1

当孩子犯错时

家长不要下意识地指责孩子，而是应该给予孩子指导，帮助他改正错误。

2

当孩子情绪需要宣泄时

家长不要下意识地怀疑孩子，而是应该先理解孩子的感受，倾听他的想法。

3

当孩子遇到解决不了的困难时

家长要先安抚孩子焦急的情绪，和孩子一起想办法，陪伴他一起解决。这样，孩子以后遇到类似困难，也有足够的信心应对。

第 2 节

这样沟通，孩子更能虚心接受批评

- 站在孩子的立场考虑
- 转换说教方式
- 鼓励孩子说话
- 不要“攻击”孩子的人格

导语

相信很多家长都有“孩子说不得”的感受，也有家长经常会抱怨：“我家那个孩子啊，稍微说他两句，他就闹情绪，哭闹好半天。这可怎么教育啊？”

有的孩子内心脆弱，抗挫力比较差，可能平时听到的赞美居多，一听到批评的话语，内心就承受不了，于是表现出哭闹，甚至撒泼打滚，让家长的教育进行不下去。那么，家长该如何让孩子内心变得强大，能虚心接受批评呢？

家长这样做，教会孩子听懂批评

1. 站在孩子的立场考虑问题

由于疫情，大家都要戴口罩，但孩子还小，戴口罩不舒服，家长哄半天，他就是不愿意戴，于是开始批评孩子：

你不戴口罩，保安会说你不是好孩子，不让你进小区；不戴口罩，病毒就会找你，你就会生病。就算憋气，也得戴，知道吗？

家长说得并没有错，可孩子并不爱听。孩子挨批评，反而开始哭闹。此时可以站在孩子的角度，换一种口吻说：

宝贝，是不是觉得耳朵被勒疼了，戴着口罩憋气，不想戴？其实妈妈也有这种感觉，我们做个耳扣戴上就不疼了，来跟妈妈一起试一下吧。

请大家比较一下上面两种说法，是不是第二种说法更能让孩子接受？

2. 转换说教模式，让孩子二选一

当家长注意到孩子的缺点或错误时，很容易开始说教。成人这种马上给出明智建议的行为，也是出于爱孩子。

为了有理有据、逻辑缜密，家长的说教常常是长篇大论，孩子往往只听到第二句就开始走神，后面无论你唠唠叨叨说多少词语，在他的耳朵里，听起来都是噪音。

想让孩子真正听进去，需要言简意赅、直截了当，让孩子二选一。

YES 场景

这几句话，孩子一听就明白，方式简单，没有指责，只有选择。孩子权衡利弊后做出选择，可能仍然选择“现在看电视”。那么孩子吃完饭，家长一定不能让他再看电视，否则会破坏规矩。

3. 鼓励孩子说话

很多家长脾气一上来，根本不给孩子开口的机会。孩子找不到发泄的出口，只能哭闹。

这种情况不利于问题的解决。请家长自己先冷静下来，再告诉孩子：

请你先说，妈妈先听你说。

孩子被鼓励着说出自己为什么不接受爸妈的意见，他觉得自己得到了爸妈的尊重，内心的承受力、抗挫力就会大大增强。

Tips

孩子在诉说原因的过程中，家长要注意倾听。可能他的理由是对的，也可能孩子只是在宣泄情绪。即便是宣泄情绪，说完，他便恢复平静。家长千万不要跟孩子“你一句、我一句”地争吵，这样反而把小事弄大了，激发亲子矛盾。

4. 永远不要“攻击”孩子的人格

很多家长说着说着就“刹不住车”，上升到对孩子的人格“攻击”。

看看你，刚说两句，怎么又哭了？你就是个爱哭的孩子。

家长可以就事论事，但不要给孩子下这样的负面评价，这就涉及人格攻击了。类似的情况还有不少，如孩子打架，家长这样说孩子：

你怎么又打人了？你就是个坏孩子。

这是家长控制不住自己情绪的一种宣泄，不但不利于解决问题，反而让孩子非常反感，甚至为此耿耿于怀。

很多家长在亲身实践中，发现第一点最难做到。究其原因，是家长觉得自己是大人，希望孩子是“我说，你听，照我说的做”，从心理上不愿意再站在孩子的角度看问题。其实，家长也可以“故意”设计一些批评的小场景，进行角色转换。

YES 场景

第 3 节

做不出题、考不好试时，你要懂他的委屈

- 接纳孩子的情绪
- 磨炼孩子的心性
- 适当辅导孩子

导语

孩子在学习中遇到一点困难和挫折，比如题目比较难、解题步骤有点复杂、汉字笔画多而比较难写……孩子就容易放弃。不管家长怎么劝，孩子都不想再去尝试。

曾经有一位妈妈来找我，她告诉我，孩子正在读小学一年级，是个聪明活泼的小男孩。在上小学之前，孩子由爷爷奶奶照顾，自己与孩子相处的时间不多。

孩子上小学后，为了让孩子受到良好的教育，妈妈把孩子接到自己身边。一年级的作业并不多，但她的孩子只要遇到不会做的题，就把笔一摔，气哼哼地说：

我不会，不做了！

妈妈反复鼓励，孩子要么躲起来，要么大声抗议，态度非常强硬。

第二天到学校交作业的时候，老师发现孩子的作业没有完成。这位老师很负责任，给孩子妈妈打了电话：

孩子的作业又没有做，家长要盯着呀！作业越拖越多，后面学习就跟不上了。

面对这样的孩子，家长究竟应该从哪些方面入手，鼓励他面对困难、战胜困难呢？可以从以下 3 个方面入手，鼓励孩子迎难而上。

要懂得接纳孩子的情绪

在面对不会做的题目时，孩子的身体也会和大人一样表现出压力的累积，甚至出现头痛、胃痛或疲惫等症状，这些就是精神上的压力在身体上的反应。家长一定要注意，千万不要责备孩子“这有什么难的”，因为这会严重打击孩子的自信心，让他对自己的能力产生怀疑。

Tips

孩子感到压力之后，很自然会考虑逃避等消极对抗的方法。当家长说出“这有什么难的”的时候，孩子的压力会在无形中被放大。

磨炼孩子的心性

做不出题目就放弃，是因为孩子畏惧困难。在平日的生活中，孩子被照顾得太好了，衣来伸手、饭来张口，从来不需要动脑筋，从来没有被锻炼过，有什么事，找爸妈就行了。

如果家长继续这样养育孩子，会让孩子变得很没用。家长可以参考以下 2 种方法，锻炼孩子动手操作的能力，提高孩子的承受力。

1

带孩子制作一份“放手清单”

制作清单是为了让孩子“自己的事情自己做”。

“放手清单”的内容可以包括自己收拾书包，清扫房间，清洗内衣、袜子和鞋子，自己独立完成作业等。

带孩子进行体育锻炼

2

家长可以每天带孩子进行体育锻炼，以增强孩子的毅力和韧性，提升他的承受能力。

当孩子每天都在战胜自己，坚持做事、坚持锻炼时，他的承受能力会大大增强，再遇到作业难题时就不会逃避了。

要适当辅导

孩子面对困难时，家长仅仅鼓励他迎难而上，可是他仍旧不会，还是做不出来。很多孩子不会做题，是因为上课没有听懂。

孩子刚上小学时，还不太会听课，听老师讲的每句话好像都很重要，不一定能抓住老师讲课的要点。另外，孩子小，专注力时长较短，很难整堂课都全神贯注、精力高度集中，很可能听着听着就开小差了，结果没听懂。

孩子没听懂，但他并不知道自己没有听懂，回家一做题才发现不会做。因此，家长先不要急着让孩子做题，而要先带孩子把他当天所学的内容再复习一遍。

家长可以请孩子讲一遍，这样就知道他听懂了哪些，还有哪些没有听懂，然后有针对性地加以辅导，这样更加高效。

YES 场景

课后的习题都是专家精心设计的，是为了巩固孩子上课所学的知识，因此，只要孩子把课程的内容真正弄明白了，把课后的题目做出来就变成水到渠成的事。

小课堂

孩子刚上小学的一段时间很不适应，有各种情绪反应是很正常的。有些孩子甚至需要长达 1 年左右的适应期。

幼儿园阶段上课没有压力，做作业没有压力。一上小学，上课必须专心听讲，作业量瞬间翻了好多倍。孩子心里既有对过去的留恋和不甘，又有对新学内容的畏难情绪，当然会有各种不适。

家长要多理解孩子，多鼓励孩子，教会孩子如何听讲，培养孩子的学习习惯，这样孩子慢慢就能适应了。

第 4 节

读懂自虐行为，用积极情绪去感染

- 让孩子放松下来
- 帮孩子梳理情绪
- 用积极情感感染孩子

导语

最近，有位妈妈在电话里带着哭腔问我：“为什么我 2 岁的儿子突然开始用头去撞墙，而且一次比一次狠，特别是他生气或不开心的时候。”

每次妈妈看到孩子撞头，都会立刻阻止，但是孩子的情况并没有好转，反而越来越严重。

平时接触的一些家长都遇到相同的问题，孩子稍有不满意就会出现摇头、抓头、打脸或者揪耳朵的现象，较严重的会发展成撞头、打脑袋。

家长一定要知道孩子这种行为背后的原因，才能有针对性地去解决问题。孩子的撞头行为很可能持续较长一段时间，少则几个月，多则几年。

为什么孩子会有自虐行为

1. 堆积的负面情绪

自虐虽然是一种自我折磨的行为，但其实也是一种情绪的宣泄方式。例如孩子想出去玩，家长却不让他去，非要他在家睡觉……虽然在家长看来是很小的事情，但对孩子来说，他们依然会不开心。对于这种不开心的情绪，他们并不能很好地化解。

Tips

孩子的自虐行为，其实是因为负面情绪无法宣泄而产生的一种情绪化解方式。

2. 自虐行为来源于家长的“高压”管制

很多孩子最开始打的不是自己，而是别人。最开始是“他虐”，逐步转变为“自虐”。也就是当孩子开始出现打别人的行为时，很多家长并没有去思考孩子为什么打人，也没有善意地引导，反而是一味压制和呵斥孩子。

在这种情况下，孩子会感觉自己不受家长的重视和理解，同时会感觉到一种强烈的压迫感，久而久之就爆发出来。他不能去打别人，就会出现打自己这种行为。

自虐是一种无声的对抗，因为孩子还小，而家长很强大，所以就用这种方法来对抗家长。孩子其实是在抗议：“你们不允许我释放情绪，也不理解我，没有满足我的需求，那我就打自己吧。”

3. 为了吸引家长注意，从而达到目的

孩子在成长过程中会有一个很有趣的特点——寻求关注。孩子特别期望成为家长关注的对象，而自虐恰好是一种可以吸引家长关注他的好方法。

当孩子第一次开始打自己、撞头、跌倒的时候，家长会很紧张，这样在孩子的认知里，打自己和家长的关注画上了等号。一旦在孩子的思维里形成一种定式，他就会不自觉地使用这个定式，久之形成自虐行为。

小课堂

自虐并不意味孩子“喜欢痛苦”。他们潜意识里会希望通过自己对痛苦的承受和忍耐来获得家长和他人的同情和赞赏。家庭一定要有爱和一些积极的反应。如果孩子的一些不被允许的情绪得不到宣泄和及时化解，就会使孩子通过一些不成熟的心理防御机制来抵御外界的伤痛。

长期自虐行为带来的影响

1. 容易导致孩子有暴力倾向

孩子自虐，本身就是一种暴力行为，虽然是对自己施暴，但在长大成人以后，他很容易将这种虐待行为转移到他人身上，对他人施暴。

2. 容易导致孩子心理扭曲

孩子自虐，来源于情绪的无处宣泄。这样的孩子，是无法和他人进行有效沟通的，特别是在成长过程中遇到压力和阻碍的时候，他们开始都是选择沉默不语。时间久了，压抑情绪无法排解，全部积压在心里，由量变到质变，则很容易导致心理扭曲。

小课堂

当家长发现孩子有自虐行为的时候，切不可大意。如果对孩子的自虐行为不加以引导和控制，很可能会逐渐加重。

不论是发泄情绪还是博取关注，一旦孩子觉得需求得不到满足的时候，就会采取更极端的方式去表现自虐，好像滚雪球一样，越滚越大。

学会这 3 种方法，引导孩子化解不良情绪

1. 让孩子放松下来

当孩子情绪不好的时候，要及时和他交流，告诉他：

妈妈知道你现在不开心是有原因的。我知道你很生气，但是你这样撞自己的头、打自己是不好的。

这些话不见得立刻有用，但是这一定是你引导孩子的一个好的开始。你要跟孩子共情，让孩子放松下来。

2. 与孩子沟通，帮他梳理情绪

生活中，家长常常会遇到这样的情况，假如孩子好不容易搭好的积木被其他人推倒了，孩子会非常生气。此时，我们可以以共情的方式告诉孩子“换作是我，也会很生气”，接纳孩子的情绪，帮助他梳理情绪。

YES 场景

当孩子遇到情绪失控的时候，要让孩子先冷静一下，不要立刻打断他或者急于矫正他的行为。

让孩子继续讲，让他宣泄情绪，无论什么都让他先讲完。等孩子讲完，再跟孩子共情，理解并接纳他的情绪，然后引导孩子。这样才是有用的。

3. 家长要以积极健康的情感影响、感染孩子

情绪是可以感染的，正面、负面情绪都能感染。孩子受家长的情绪感染是特别大的，比如孩子会这样想：因为妈妈快乐，所以我快乐；因为妈妈今天特别高兴，所以我也高兴。

Tips

在日常生活中，家长要以活泼开朗、乐观向上等情感和性格去影响孩子，切不可将自己的不良情绪带给孩子，更不能把孩子当作发泄情绪的对象。

第 5 节

承受不了失败，教导孩子正确对待输赢

- 尊重和肯定孩子的感受
- 认可价值多元化
- 就事论事，积极引导

导语

相信大家都听说过学生因高考考得不好而跳楼的事件，这类令人痛心的悲剧几乎每年都有发生。这充分说明，教导孩子正确对待输赢是非常重要的。

只要有考试，就会有考得好和考不好的时候。孩子肯定都想考好，出现考得不理想的状态，有的孩子能迅速调整心态，正确对待输赢；有些孩子则陷入连续的负面情绪中，接受不了“我输了”这个现实。

小想妈妈最近很苦恼，因为小想这次数学考试又没及格。妈妈忍不住数落了她几句，她就跑去奶奶家，并说再也不回家了。小想妈妈本想给孩子好好地查漏补缺，但小想对她说：

我就是很笨，补课也没有用。

小想妈妈非常着急，却不知道该如何帮助孩子。

对于接受不了失败这一类型的孩子来说，从评价系统上帮助孩子提升抗挫力，效果比较理想。

人的一生都活在两种评价里

人的一生都活在评价里，但评价分两种，一种是自己对自己的评价，另一种是他人对自己的评价。前者称为内在评价，后者称为外在评价。

Tips

如果内在评价系统在我们的内心起主导作用，我们的内心就会很强大，因为是自己给自己打分。

如果是外在评价系统在主导，我们的内心则会脆弱得多，因为是别人给我们打分。我们都希望获得高分，却又无能为力。

在那些考得不好就承受不了失败的孩子心中，外在评价系统发挥了主导作用，成为孩子抗挫力差的重要原因。

当一个人过于在乎或更加认同社会或他人对自己的评价时，他就难以获得自信，难以自我认可。

这样解读才正确

在孩子上学读书期间，考试是非常重要的一种外在评价系统。不可否认，考试是必须有的，但是如果把考试的结果作为评价系统的唯一来源，从而否定孩子自己的价值，他就会认为失败很可怕。这是不可取的。

那么，当孩子面对考试成绩不理想，心里不能承受失败的时候，家长究竟该如何帮助孩子正确面对输赢呢？以下有 3 种实用的方法可以跟家长分享一下。

1. 尊重和肯定孩子真实的自我感受

这是鼓励孩子发现内在评价的重要一步。比如当孩子考试考了 90 分，你会怎么说？以下有 2 种说法：

>>> 1

太棒了，你肯定下了很多功夫，加油！

>>> 2

怎么才考 90 分，有什么值得高兴的？

如果是第一种，那么恭喜你，你的表扬是帮助孩子打开内在评价系统的大门；如果是第二种，说明你时刻把自家孩子和其他优秀的孩子在作比较，过于看重外在评价，要予以重视。

2. 认可价值多元化，成功的路有千万条

举个例子，比如班主任只表扬了班里的三好学生，而没有表扬自己家的孩子，此时，家长一定不要这么跟孩子说：

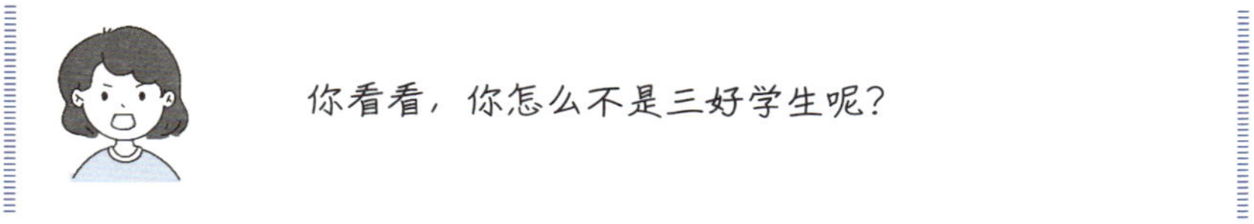

这句话无形中传达了“三好学生才值得被肯定”的外在价值条件。

其实，这个世界是多元化的，成功的道路有千万条，做学问只是其中一条，做生意、搞艺术等也是很好的道路。评价孩子的标准不能太单一，更不能唯分数论。

YES 场景

3. 就事论事，客观分析

和孩子一起客观分析卷面上的错误，逐条订正，对错题进行整理，且一定要将正确的写下来。不要动不动就上升到人格指责。

只有这样，孩子才能在不断总结卷面错误的同时，积累正确的知识，对下一次考试更加有自信。

下面，我们就用上述 3 种方法来帮助小想妈妈解决困惑。

- 妈妈可以和孩子就事论事，聊一聊没考好的具体原因
- 妈妈可以回忆自己小时候有没有没考好的经历，坦诚地告诉孩子自己曾经也觉得无法接受，后来是如何慢慢接受的

通过分享自己的经历来产生同理心，告诉孩子考不好也是很正常的事情，天不会塌下来，只要努力了就好。学习最重要的是方法和过程，结果往往不必太在意。家长要就事论事，帮助孩子一起查漏补缺，争取下次考好。

小课堂

我们可以看到，孩子自己如何正确看待失败非常重要，在这其中，家长的引导很关键。

只要家长能做到帮助孩子一起正确看待失败，那么考试成绩的上下浮动就再也影响不了孩子的内心。

我的 从容养育

让孩子换位体验，让感恩成为习惯

很多家长都有一肚子话要说，因为身边不懂感恩的孩子还是挺多的。大家也很担心自己千辛万苦抚育长大的孩子会变成不懂感恩的“白眼狼”。

家长为孩子付出了所有，可是，孩子的索取却是无底线的，即便今天倾其所有满足了孩子，孩子明天又会提出新的、更高的要求，迟早会有冲突激烈爆发的一天。

孩子不懂感恩，最直接的原因就是家长的过度溺爱和纵容。而更令这些家长失望的是，他们的纵容最多也只是给了孩子暂时性的满足，这样的孩子长大后走上社会，大多会变成事业无成、让人瞧不起的“巨婴”。

即便不纵容，如果疏于教育，孩子同样也可能不懂感恩。有不少家长说，他们平时非常在意孩子的成绩，对其他方面要求不高，结果孩子倒是考上了大学，但一味索取。即使家长生病住院也不愿意回来看看，一打电话就要钱，连一句问候的话语都没有。他们也很担心，孩子如此不懂感恩，将来不知道会怎么样。

Tips

感恩，对孩子来说不是一件社交的漂亮外衣，而是精神世界的底层营养。

孩子有了感恩精神，会一辈子生活愉悦，朋友众多；而缺乏感恩精神，则会成为让人提防的“白眼狼”。

为什么付出了爱却没有收到回馈？作为家长，我们也许该自我反省一下；但同时，可以从以下 4 点来培养孩子的感恩之心。

第一 家长要为孩子做出表率

家长是孩子最佳的学习榜样。孩子往往是以家长为参照对象，通过反复观察和模仿来学习的。如果家长懂得感恩，及时表达感恩之情，那孩子学会感恩则是自然而然的事情。

YES 场景

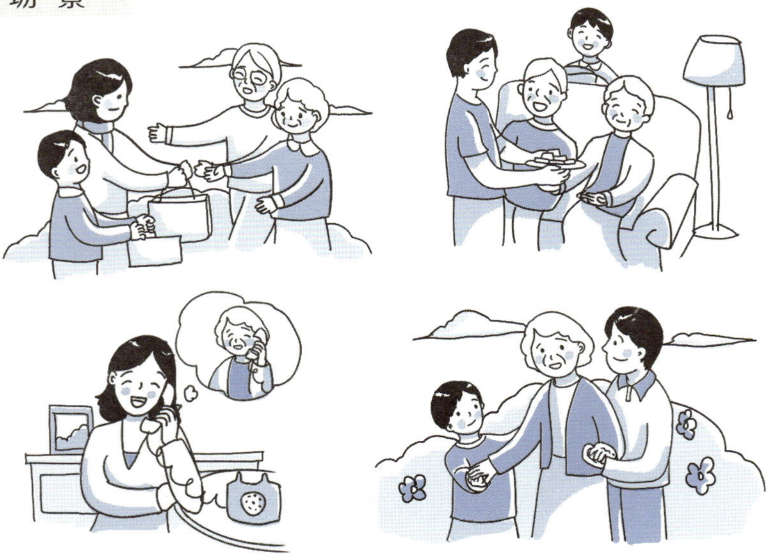

划重点

父母的行为举止，孩子看在眼里，记在心里。在感恩情感环境下长大的孩子，长期耳濡目染，会认为感恩是一件很自然的事情。

第二 来一次换位体验

很多家长觉得孩子不能理解自己的辛苦。现今，物质生活很丰富，很多孩子更不懂得珍惜，他们对家长的辛苦确实体会不深。

有些专家建议让孩子多吃苦，学会感恩，但这在当今的社会环境中已经不太现实。

这里建议家长举行一次“小鬼当家”的活动，活动内容如下：

>>>

家长和孩子互换角色，周末让孩子当一天家长，家长则当一天孩子。提前和孩子列一个清单，规划这一整天什么时间需要做什么事，比如早起要准备全家人的早饭，饭后要及时刷碗筷、打扫家里卫生、洗衣服，然后要买菜、摘菜、准备午饭等。

只要带着孩子做一次这样的活动，孩子就能理解家长的辛苦，从而学会感恩。

第三 带孩子进行感恩实践

家长需要带着孩子进行练习，要让孩子把感恩变成一种生活习惯。在日常生活中，这样的练习机会随处可见。

YES 场景

对孩子每次行动所表现出来的感恩意识，家长都要及时予以表扬，并给孩子一个拥抱。家长可以这么说：

宝贝，这么说很好！

宝贝，这么做就对了！

这样，孩子才有动力下次做得更好。如果对孩子的表现不理不睬，孩子就会觉得感恩只是一个形式，不会记在心里。

第四 让孩子做力所能及的事

一些家长只关心孩子的成绩，对其他方面几乎没有要求，这样的孩子走上社会后，不仅没有感恩之心，其动手能力、社交能力等也都很缺乏。这样的教育是残缺的。

建议家长让孩子从小就做一些力所能及的事，比如自己收拾玩具、绘本，自己洗小裤衩、整理衣物、打扫房间等，孩子才能更理解家长的辛劳。培养感恩之心，就是把感恩之心融入孩子每日生活的细节之中。

Chapter 6

自卑感，
是孩子强悍外表下的掩饰

小测试

>>> The Test

怎么知道孩子有没有自卑心理

一个人的自卑情结，往往在童年的时候开始慢慢形成，提前预防孩子自卑，变得非常重要。

你想知道孩子是否自卑吗？

>>> 评分标准

以下各题，选“A”记 1 分，选“B”记 0 分。将各题得分相加，算出总分。

1. 孩子是否得到过家长、老师或其他人的多次夸奖？

□ **A** 是　　□ **B** 否

2. 孩子在家或者在学校被批评过很多次？

□ **A** 是　　□ **B** 否

3. 孩子的性格是否特别内向、胆小、害羞？

□ **A** 是　　□ **B** 否

小测试

>>> The Test

4. 无论什么样的交互类比赛，孩子都不愿意参加，因为怕输，怕被嘲笑？

□ **A** 是　　□ **B** 否

5. 孩子是否不喜欢说话，认为自己没有优点？

□ **A** 是　　□ **B** 否

6. 孩子是否认为自己在家是个好孩子？

□ **A** 是　　□ **B** 否

7. 孩子是否认为家长或老师都很喜欢自己？

□ **A** 是　　□ **B** 否

8. 孩子是否认为自己很优秀？

□ **A** 是　　□ **B** 否

9. 孩子是否认为自己无法克服身边的困难，且承受失败的能力很差？（比如失败后脾气暴躁，情绪不好）

□ **A** 是　　□ **B** 否

10. 孩子是否猜忌心很重，而且容易嫉妒别人？

□ **A** 是　　□ **B** 否

小测试

>>> The Test

测试结果与分析

把每道题的得分相加，计算最终分数。

总分 7 分以上	孩子性格内向，承受能力差，有很重的猜疑心，容易自暴自弃，甚至容易嫉妒或贬低别人，自卑情结严重。
总分 0 ~ 4 分	孩子能很好地正视自己，有较强的竞争意识，人际关系融洽，是个较为自信的人。

指南

如果孩子真有自卑情结，怎么办？

其一，制造各种情景模式，让孩子积极参与进来，然后通过鼓励的方式让孩子逐步认可自己的能力，提升孩子的自信心；其二，家长要多与孩子沟通谈心，多和孩子交流，且按照孩子的建议去执行一些事情，这样他就会觉得自己很重要，喜欢沟通，甚至主动出主意；其三，多夸夸孩子，多认可孩子的优点，不要总批评他的缺点。

第 1 节

为什么孩子会有自卑心理

- 过于要求孩子听话懂事
- 过于完美要求和苛责
- 孩子受家庭氛围影响

导语

每个家长都希望自己的孩子是积极阳光、乐观自信的；而自卑的孩子，不仅让家长为之困扰，也会让自己时常陷入窘迫的境地。

心理学大师弗洛伊德说

童年的经历虽然会随着时光的流逝而被淡忘，甚至消失于意识层中，却会在潜意识中被保留下来，对人的一生产生持久的影响。因此，童年时期产生的自卑感通常会伴随人的一生。

孩子有自卑心理不可怕，可怕的是家长一直发现不了。孩子的自卑一旦成型，就会对其日后的学习生活产生一定阻碍。因此，家长一定要早发现、早纠正。

如何发现孩子有自卑倾向

1

语言表达里藏着自卑的信号

很多自信心差的孩子，他的口头语里有明显的“我不行、我不能、我不去、我担心”这样否定的表达。回答问题，或者在同伴中说话，音量很小，害怕说错会被嘲笑。这样的孩子如果没有及时得到正面引导，不仅会越来越自卑，语言表达能力也会更差。

2

特别在意他人的评价

无论是在学校的考试、比赛，还是在节日和亲友相聚，只要接受到任何一点负面评价，他们就会耿耿于怀、情绪敏感，认为是自己不够好而不被喜欢，情绪马上消沉，让自己深陷在这种自我怀疑的纠结和矛盾中。这样的孩子，即使被表扬的时候，也会怀疑他人的真心实意。

3

习惯性否定自己的能力

两个同样优秀的孩子在一起，自信的孩子会更加大方开朗，而自卑的孩子总是看到自身缺点、他人的优点。这样的孩子对自身能力没有理性的判断，总会把自身能力拉到最低点。习惯性的自我负面暗示会加深自卑心理，即便取得成绩，也不好意思大方承认，总把成功归结于运气，把失败归结于自己实力不够。

为什么孩子在小小年纪出现自卑心理

其实自卑并不是与生俱来的，不当的家庭教育往往是造成孩子自卑的根源。很多自卑的情况就藏在不经意的教育细节里。

第一种：过于要求孩子听话懂事

在传统的教育里，乖巧听话、懂事顺从的孩子往往容易得到老师、家长、亲戚朋友的喜欢。久而久之，乖巧听话、懂事顺从就成为家长衡量一个孩子好坏的标准。

但是，过于听话懂事的孩子，往往会在成长中留下很多不可逆的心理隐患，比如：

- 单方面地迎合家长图省事、少操心的教育需求，压抑孩子内心成长的真正需要
- 没有主见，缺乏选择的能力，不敢承担责任，不敢表达自己，不敢拒绝别人，也不会处理人际关系

第二种：过于完美要求与苛责孩子

全天下的家长都望子成龙、望女成凤。尤其在近几年，很多家长给孩子批量报兴趣班，培养其艺术特长。有的希望孩子能像自己期待的那样成长；有的希望孩子充满超强的竞争力，赢在所谓的起跑线上；有的仅仅为了弥补自己愿望没成真的遗憾，把希望寄托在下一代。

NO 场景

这些强加在孩子身上的高要求、高期待，往往超出孩子的能力和意愿。他们小小的年纪背负太多压力，在本来应该无忧玩乐的年龄，不得不身披铠甲，掌握各种技能，参加大大小小的比赛，去竞争和挑战。

这就会出现几种典型的情况，比如，有的孩子明明很优秀，但是家长要求太高，提出更加苛刻的标准或者想要通过打压的方式加速孩子的进步。实际结果是，不仅抹杀了孩子的兴趣，还让孩子越来越消极。有的孩子连续失败后没能及时得到鼓励和纠正，逐渐产生习得性无助，对自己充满否定，甚至会回避竞争。

也有的孩子不管成功还是失败，都要直面林林总总的评价。最常见的是将自己和别人家的孩子做比较，在这种比较里会加深孩子的自卑，也会让其滋生嫉妒心。

第三种：普通家庭的家长情绪和氛围影响

一个家庭的情绪氛围，直接影响着家庭每位成员的心理状态，尤其是孩子。

如果家长由于受生活境况所累，对生活和工作都表现得悲观消极，遇事总往坏处想，整天唉声叹气，会在不经意中给孩子带来一种压抑、没有活力的家庭氛围。

这会直接导致孩子自信心差，不敢探索和尝试新鲜事物，遇到任何事情的第一反应就是退缩。这样的孩子在团队集体中常常默默无闻，喜欢坐在角落，对自己喜欢的东西不敢争取。他们会认为自己没有能力、没有资格去争取或参与。

小课堂

家长积极的生活态度，能帮助孩子塑造健康的身心，养成积极成长型思维方式；而消极的生活态度，会拉低孩子的眼界，强化孩子的负面情绪和自卑心，让孩子不能放眼于未来，最终平淡过完一生。

第 2 节

咬指甲、撕手皮，是孩子自卑的信号

- 表达心中不满
- 家长不正确的强化
- 孩子缺乏爱和安全感

导语

几乎所有家长都发现过这样的问题：孩子 1 岁左右喜欢把手塞到嘴巴里津津有味地吃个不停，或者经常地、不能自控地用牙齿咬指甲、撕手皮。对此，家长很不解：对孩子来说，手指的吸引力有那么大吗？

不同年龄的孩子，出现吃手指、咬指甲、撕手皮、挖鼻孔、伸舌头等行为都有不同的原因。1 岁左右的孩子吃手是为了体验其他事物有什么不同，这个时期被称为口欲期。孩子在这个时候刚刚可以控制手上的动作，所以手就成为一种有趣的玩具。当孩子感受到不安、烦躁时，会通过吃手来稳定自己的情绪，起到安抚的作用。

另外，许多母亲在喂养孩子时，喂养方式不当或者进行人工喂养，孩子虽然肚子饱了，但是心理还没得到满足，便会用吮吸手指来代替。孩子的这种行为在 3 岁以后逐渐消失，家长不必过于担心。

3 岁以上孩子还会咬指甲、撕手皮的原因

1. 孩子的自我意识和独立愿望受到成年人的阻止，则通过咬指甲等行为表达心中的不满

一些家长会干涉孩子穿什么样的衣服，不允许孩子玩什么类型的玩具，或规定孩子吃什么样的食物，这样的行为控制方式使孩子不能按照自己的意愿做事。随着年龄增长，孩子自我意识增强，特别希望得到家长尊重。如果得不到这种尊重，他会通过咬指甲、撕手皮等方式来宣泄负面情绪。

也有些孩子为了感受更强烈的疼痛，用力地咬指甲、撕手皮，从而产生快感，通过这样的方式缓解心中的抑郁情绪。

有研究表明

性格敏感、内向、抑郁的孩子更容易出现咬指甲、撕手皮的行为。传统的儿童病理心理学把咬指甲等行为看作儿童社会性退缩、孤独自卑、焦虑不安的象征。

2. 咬指甲、撕手皮是偶然获得但被家长不正确强化（如过度关注、强行制止）而得以巩固的行为

家长发现孩子的不良行为时，用让孩子害怕、恐惧的方法进行制止，如拍打孩子啃咬的手指、使用言语恐吓等。这样的做法不但没能让孩子

理性地感受到家长的情绪，反而会因为训斥和批评带来紧张感，让其更加依赖咬指甲、撕手皮等行为排解受到威胁的焦虑。

NO 场景

3. 孩子缺乏爱和安全感

经常感受不到爱和关心的孩子可能会以吃手指、咬指甲、撕手皮的行为来引起他人的注意，希望以此获得家长的关爱及同伴的支持、陪伴。造成这种情况的原因可能是家庭矛盾冲突、夫妻关系不和、家长教育方式有问题、生活重心的转移、环境的变化等。

如一些家长有了二宝，减少了对大宝的关注和精力的投入。这让孩子原本的幸福感降低，引起其心理矛盾，缺失安全感，甚至有挫败感，所以开始出现咬指甲等行为，并随着时间的推移而习惯化。

YES 场景

对于 1 岁左右的孩子，如果出现吃手指等行为，妈妈要有耐心，因为它是正常现象。妈妈要充分满足孩子的吸吮需求，在给孩子喂奶的时候，要保持心境平和，不急不躁，以免给孩子造成压力。

尽可能母乳喂养，保证孩子有充分吸吮的时间。在哺育孩子时，不能只给孩子营养，还要提供足够的关怀和温暖，比如轻轻抚摸孩子的头、面颊，呼叫他的名字等。

6 岁孩子还咬指甲、撕手皮，需重视

1. 鼓励孩子进行自我表达，尊重孩子的想法

随着年龄的增长，孩子的自我意识开始萌芽，开始有独立选择的想法和欲望，家长应该多听取孩子的想法。比如，可以让孩子选择自己喜欢的游戏、衣服、玩具、郊游地点、志趣相投的小伙伴等；多与孩子互动，多听孩子说话，提升其认知能力。

>>> 小课堂

真正会沟通的家长是会倾听的家长。不仅听语言，还要用心倾听，为理解而倾听，这样有利于孩子提升认知能力，增加他对其他事物的兴趣，愉悦孩子的身心。在自主选择的各种丰富多彩的活动中，孩子会找到正确的、健康的方式和依托，排解不良情绪，就不会把注意力放在咬指甲、撕手皮等行为上。

2. 理性教育，尊重孩子的身心发展规律

家长强行制止，多次批评仍然没有效果，便对孩子发脾气，这样的行为是不正确的。根据脑科学研究表明，对我们的行为起到约束作用的是大脑额叶皮质部分，额叶发育成熟的年龄是 25 岁，而孩子目前的水平远没有达到成熟的标准。

家长进行强行制止时，会让孩子产生害怕心理，使孩子可能会“快速”地停止一些行为，但他仍然没有学会自控，而是出于一种自我保护的本能才会“停止”。让孩子痛苦的管教方式只会让负责理性思考和逻辑的上层大脑“卡机”，根本无法帮助孩子控制情绪和行为。

NO 场景

所以，家长应该改进自己的教养方式，尊重孩子自身发展的实际情况，提高自身教育素养，营造一个互相信任、温馨和谐的家庭氛围。

3. 多陪伴孩子、正面鼓励孩子

孩子在童年时期非常需要家长的陪伴。有一句话叫“给孩子最好的礼物是家长的陪伴”，家长不能因为工作忙就忽略孩子。孩子的教育不能等，教育也不能重来。

Tips

在家长和孩子相处的过程中，除了进行物质奖励，还可以多进行精神奖励，培养孩子学会利用“他人支持”来面对困难和挫折，让孩子学会积极主动地寻求帮助，从家长处学到解决问题的方法和面对困难的勇气。

第 3 节

害怕失败，是对自身能力感到自卑

- 语言上的鼓励
- 行动上的鼓励

导语

家长都很爱自己孩子。一方面，家长感性地希望孩子的成长过程平平安安、顺顺利利；另一方面，理性也告诉家长，孩子终将在成长过程中不断地面对挑战、经受挫折。

没有人会喜欢失败，喜欢经历挫折，所以，家长更加需要帮助孩子面对失败，获得在失败中成长的勇气，而这种勇气往往在鼓励中获得。家长不仅要用语言给孩子鼓励、支持，更重要的是要用实际行动鼓励孩子。

行动上的鼓励同样重要

语言上的鼓励固然重要，但对丧失信心、充满害怕及沮丧的孩子来说，行动上的鼓励更能让孩子敢于真正迈出勇于面对的那一步。

曾经有一阵子豆豆很害怕失败，不敢尝试，遇到一点困难就想退缩。

一次她从幼儿园带回来一个迷宫玩具，连续2次没走成，就再也不肯玩了。她沮丧地对妈妈说道：

妈妈，我一定做不到。

玩不玩迷宫玩具都无所谓，但是这种害怕失败、不敢尝试的心态引起了家长的注意。为了鼓励她，家长给她讲了有关爱因斯坦和三个小板凳的故事。

豆豆，只要你肯用心和努力，一定会玩得越来越好。

（没想到豆豆却委屈地说）妈妈，我又不是爱因斯坦，干嘛要和他比呀？你不是总说每个孩子都独一无二吗？我就是我，我就是不如他厉害嘛。

豆豆认为妈妈在拿名人和她作比较，其实是在告诉她名人很厉害，而她自己很差。家长一时间觉得束手无策。

同样的场景也发生在我们和孩子的生活中，我们当然愿意去鼓励孩子，但是反复尝试和努力后，却不能激励起孩子战胜困难的决心，怎么办呢？

不妨身体力行，鼓励孩子

有一个泰国的公益广告，讲的是一对相依为命的母女，妈妈以售卖蔬菜为生。一次，年幼的女儿发现隔壁的豆芽摊生意特别好，萌生了让妈妈种豆芽的念头。面对女儿的提议，只上过小学四年级的妈妈说：“那我们来试试吧。”

一次次的失败接踵而至，可是母女俩并没有放弃，一起查资料寻找发豆芽的办法，一起用捡来的矿泉水瓶做自动的浇水装置，早晚各给豆芽浇一次水。

让人印象最深刻的是，每次女儿失败后，妈妈总是一副信心十足的模样对女儿说：“没关系，我们再来试试吧。”然后陪着女儿一起想办法，一起解决困难。

这个公益广告让人深受启发，也恍然大悟，原来大部分家长并没有身体力行地去鼓励孩子。语言的鼓励很重要，但对于害怕失败的孩子来说，语言鼓励是远远不够的，行动上的鼓励同等重要。

YES 场景

我们去野外看看，说不定会有灵感。
谢谢妈妈！
你可以用它们做一幅画。
妈妈，你看这些树叶长得都不一样。
那幅用树叶做的画真好看。
豆豆的《海底世界》树叶画真棒！
豆豆，你真棒！

这次经历之后，妈妈更加注意用行动去鼓励孩子。在征得孩子的同意之后，她陪着孩子一起参加了社区里举办的送牛奶志愿者活动。

到第一家时

孩子站在门口不动，不敢敲门，也不敢开口说话。妈妈则在一旁笑着向她示范怎么敲门，而不仅仅是在旁边用语言鼓励说“你可以的，加油”。

到第二家时

妈妈开始尝试鼓励孩子自己敲门，孩子也终于做到了。

就是这样一步一步用行动来做示范、引导、鼓励，孩子很快就敢于自己完成全套流程，而且有了足够的信心。后来妈妈还陪孩子一起去跳蚤市场卖东西。每一次都是陪伴孩子一起面对困难，一起想出好办法。

Tips

鼓励不只是停留在嘴上，家长行动上的陪伴和支持才是让孩子真正战胜害怕的力量。中国人经常说“扶上马还要送一程”，说明语言支持加上行动支持，才能真正帮助已经感到为难和沮丧的孩子。

我的从容养育

这样引导，培养阳光的孩子并不难

乐观自信的人，永远光芒万丈。然而，很多孩子不自信，总处于自我否定、自我怀疑的挫败感当中，遇到事情不敢去争取，常常退缩。如果孩子一直不自信、不乐观，长大后将失去很多机会，自己的生活也不容易获得幸福感。

从大量的实践来看，孩子不自信，大多是长期受家长批评打击的结果。孩子的乐观自信，一方面来自家长和老师的认可，一方面来自孩子的自我提升。

要怎么把孩子培养成乐观向上、充满自信的人呢？家长不妨从以下5个方面来进行有意识的引导和培养。

第一 家长要做好表率

家长的行为要受人尊敬。如果家长在社会中不受人尊重，最容易损伤孩子的自信心。

Tips

家长平时要表现得乐观自信，对未来充满乐观，遇事敢于争取。在这样的家庭氛围中，孩子容易养成乐观自信、积极进取的性格；反之，如果家长遇事总是盯着困难看，怕承担风险，孩子也会养成保守、退缩的性格。

第二 千万不要当众批评孩子

中国有个传统的家庭教育观点——“当众教子”，就是指家长当众批评孩子。这是极端错误的行为，有太多孩子就是这样被家长彻底毁掉自信心的。

孩子就是孩子，犯错是经常的事，谁见过不犯错误的孩子呢？当众批评孩子是家长企图推卸责任的行为，除了让孩子丢脸，还能达到什么目的？当众嘲笑和辱骂孩子更是要不得！即便孩子闯祸了，辱骂孩子也于事无补，只会打击他的自信心，让孩子产生逆反心理。

划重点

很多家长还有一个非常不好的习惯，就是喜欢拿自己的孩子和其他孩子比较。别人家的孩子永远那么优秀，自家孩子总是不如别人。

这个做法有害无益，只会挫伤孩子的自信心，并让孩子对家长产生反感，也绝不会对孩子有什么提升。

第三 要平等看待孩子

这点对中国家长来说有一定的难度。我们习惯端起架子做家长，指手画脚地批评孩子，而不习惯和孩子平等交流。

那么，该如何做到平等地看待孩子？

建议 1

建议给孩子一块“地盘”

孩子有自己的儿童房最好，或者可以给他房间的一部分，让他从小就有自己的小天地。让孩子把他的涂鸦之作张贴到墙上，在柜子上为孩子做个陈列架，陈列他的奖状、小作品等。

建议 2

只要是和孩子有关的事，都征求他的意见

孩子的意见被家长采纳的话，他会非常开心和自信。

建议 3

兑现自己对孩子的承诺

有些家长说话不算数，这很不好。如果对孩子承诺了，即便有困难，也要兑现。如果对孩子失信，不仅让孩子失去自信，也容易让孩子不再信任家长。

YES 场景

第四 帮助孩子提升自我

孩子最初的自信，来自家长无条件的爱。当孩子慢慢长大，只有自我提升，获得家长和老师的肯定及同伴敬佩的眼光，才能带给孩子进一步的自信，并有助于他走向更宽广的未来。

家长要支持孩子的梦想、了解孩子的兴趣，给孩子提供相关书籍，为孩子提供材料，带孩子参观相关场馆，并请老师给出专业的建议。支持孩子去做他自己喜欢的事，让孩子在实践的过程中认识到自己的才干和能力，以后就会特别自信。

如果孩子兴趣广泛，这是好事。孩子在和其他同伴聊天时，会有更多的话题，这对孩子的社交和提升自信心都很有好处。

经常带孩子出去旅游，见识不同的风土人情，更能拓宽孩子的视野，使他对自己更自信。同时，要经常对孩子进行表扬，注意表扬要具体，不要太空洞。

第五 一定要帮孩子坚持到底

不论孩子喜欢什么，只要坚持，就一定会有收获；反之，朝秦暮楚，不能坚持，收获就很少，孩子也会对自己感到失望。

Tips

家长的督促和帮助非常重要，尤其是专业训练，必须跟着课程走。即便遇到困难，也要鼓励孩子坚持。之后当孩子参加专业表演或者竞赛时，那份自信就会让他的表现超越周围的孩子。

Chapter 7

安全感，是孩子面对世界的心理防卫

小测试

>>> The Test

你的孩子缺乏安全感吗

有的孩子很大胆，什么都不怕；有的孩子却很胆小，什么都害怕，看到一只虫子、一盆水都能吓得哇哇大哭。孩子胆小，有时是由于缺少安全感，有时是出于本能反应，有时是受到某些刺激。因而，家长不能简单粗暴地对待胆小的孩子，而是要了解具体原因，之后“对症下药”。

1. 你的孩子敢到集体场所（比如小区、公园）玩耍吗？

□ **A** 敢　　□ **B** 不敢

2. 你的孩子会主动和小朋友打招呼吗？

□ **A** 会　　□ **B** 不会

3. 你的孩子敢晚上独自睡吗？

□ **A** 敢　　□ **B** 不敢

4. 在幼儿园中，你的孩子经常一个人躲在角落里吗？

□ **A** 不经常　　□ **B** 经常

小测试

>>> The Test

5. 你的孩子会拒绝上学或者不愿意见到老师吗？

☐ **A** 不会　　☐ **B** 会

6. 家里来客人时，你的孩子还像平时那样活泼、爱笑吗？

☐ **A** 是　　☐ **B** 否

7. 遇到小动物的时候，你的孩子经常吓得后退吗？

☐ **A** 偶尔　　☐ **B** 经常

8. 晚上的时候，你的孩子是不是很怕黑？

☐ **A** 不怕　　☐ **B** 怕

测试结果与分析

超级胆小型	测试答案中，当 A 项出现 1 ~ 2 次时，那么意味着你的孩子很有可能已经出现胆小、缺乏安全感的情况。家长需要进行及时、适当、正确的引导和纠正了。

小测试

>>> The Test

胆小型

测试答案中，当 A 项出现 3 ~ 5 次时，表明你的孩子有些胆小倾向。但家长不必太着急，要多观察一段时间。如果孩子还是如此胆小，就要采取行动。

超级安全型

测试答案中，当 A 项出现 6 ~ 8 次时，家长不必太在意，因为你的孩子既不胆小，也不缺少安全感。

第 1 节

安全感对孩子成长的重要性

- 不要和别人比较
- 不要随意批评孩子
- 丢掉翻旧账的坏习惯
- 不把生活和工作琐事带回家

导语

中国有句俗话叫“三岁看大，六岁看老”，说的就是孩子的安全感。如果 3 岁的孩子看上去很阳光、很自信，喜欢探索，他今后的发展不会差；如果孩子过了 6 岁还没有建立起安全感，常常是一副“受气包”的样子，基本可以断定，这类孩子今后幸福感不强。

安全感不是天生的

安全感是一个人生命的底色，是心理健康的基础。那些有幸被妈妈悉心照料得安全感满满的孩子，阳光、自信、积极、愉悦，更容易在工作中取得成绩，和他人相处融洽，生活幸福；而那些缺乏安全感的孩子，更容易自卑、胆怯、沮丧，不容易和他人处好关系，不敢积极面对挑战。

孩子的安全感不是天生的，是在母婴良性互动关系中一点一滴地积累起来的。家长的行为对孩子的安全感建立有着决定性的影响。

孩子的安全感，可以形象地理解为有个隐形的妈妈在保护他。这个隐形的妈妈并不是天生就有的，而是孩子用妈妈的爱一点点塑造出来的。

如果妈妈内心平和，持续而稳定地向孩子表达爱意，孩子就能顺利塑造一个强大的隐形妈妈作为自己的保护神。

保持内心平和，培养安全感满满的孩子

如何去做内心平和的家长，处变不惊，总是微笑着面对孩子，让孩子安全感满满呢？

1. 不要和别人比娃

孩子的事最让家长操心，也最容易让人动怒。很多家长看不得别人家的孩子更优秀，特别喜欢拿来和自家孩子比较，还冷嘲热讽一番，希望以此激励孩子上进。这个想法是完全错误的，只会导致孩子反感，徒增亲子矛盾，破坏孩子的安全感。

妈妈对桃桃一直要求严格，希望桃桃处处都比小伙伴强。于是，妈妈给桃桃报了好几个兴趣班，唱歌、跳舞、英语一样都不能少，回家还要背唐诗、学认字、学电脑。朋友全都夸赞桃桃厉害。

有次桃桃妈妈参加同学会，某个同学的孩子在一个舞蹈团里领舞，并在央视频道播放出来了。桃桃妈妈心情沉重，收集了同学孩子的信息给桃桃看。

桃桃，你看娜娜跳舞都跳上央视了。我们要增加练习的时间，增大练习强度。

一个星期只有半天休息时间，太累了，我想出去玩。

孩子的学习是长跑，别说幼儿园了，到小学阶段也完全看不出来，后面初中、高中阶段才越来越紧张。因此，妈妈一开始就使那么大劲，越到后面就越没力气了，自己难以坚持，孩子也非常累，关键是效果还不好。说到底，学习是孩子的事，妈妈自己使劲能有多大用呢？妈妈给予满满的爱，让孩子充满安全感，勇于使劲和坚持，这才是正道。

2. 不要随意批评孩子，更不要打骂孩子

孩子 2 岁以后，常常会有各种淘气、不听话，甚至闯祸的行为，没耐心的家长就会批评、打骂他。批评孩子其实是把自己置身事外。这会让孩子紧张和反感，对孩子安全感的破坏很大。

YES 场景

果果妈妈的做法非常值得称赞。孩子有问题，责任在家长。妈妈没有告诉孩子手机不能洗，孩子不知道也很正常。孩子闯祸了，妈妈没有批评，而是倾听，然后进行分析，最后举一反三，这样孩子通过这件事，认识就会有所提高。如果妈妈因此打骂孩子，教育效果显然差得多。

3. 要丢掉翻孩子爸爸旧账的坏习惯

除了孩子的事，另一件非常容易让妈妈动怒的事便是孩子爸爸的事。很多妈妈心情不好时会找孩子爸爸发泄，并把陈芝麻烂谷子的事情全都翻出来。

如某年月日给婆婆汇钱了；某年月日自己过生日连蛋糕都没有；某年月日自己生病了，孩子爸爸却出去跟客户喝酒……

这种做法很糟糕。这是在孩子爸爸和自己的心间塞入冰块，久之，家庭将不再温暖，孩子也将严重缺乏安全感。

家庭关系中，夫妻关系是基础，家长能和谐相处，孩子就会觉得家里很稳定、很温暖，安全感慢慢填满内心；家长一吵架，孩子就万分紧张，安全感瞬间崩塌。

>>> 小课堂

家长一起就家里的大事提前商量，制定出规划，能减少 80% 以上的吵架机会。

平时遇到具体问题，妈妈要和孩子爸爸平心静气地协商，要听得进孩子爸爸的不同意见，不要着急一棍子打死。家长一起协商后都能接受的方案可能是次优的，但恰恰是大家都能接受的，是家庭保持长期稳定和温暖的关键。

如果家长双方总能开开心心地面对彼此，自身的修养也同步得到提升，整个人会变得更平和。相应地，孩子也会开心，充满自信，安全感满满。

4. 把生活和工作中的烦心事丢于门外

生活中，我们喜欢拿别人获得的收益来对比自己的不足，结果越比越生气。如果总是这么比，自己会越来越不自信，生活会越比越灰暗，甚至人生都变得毫无意义。

不论如何比较，请家长把这些事都留在门外。当走进家门面对孩子时，这个世界就只有你和孩子。看到孩子对你微笑，跑过来迎接你，这个时候你只是孩子的爸爸妈妈，你只需要想着如何让孩子快乐就行了。家长心平气和地面对孩子，孩子会非常有安全感，做什么事情都信心十足。

第 2 节

拒绝影响孩子安全感的错误言行

- “你是妈妈捡来的”
- 经常换看护人
- 大人说话不算数
- “再不听话，不要你了”
- 过度限制孩子
- 故意贬低孩子

导语

家长每天都面临现实的压力，如果孩子还总淘气、打闹，家长就容易说出一些过分的话，做出破坏孩子安全感的事。除了家长吵架、家长一方乱发脾气、批评孩子外，以下这些常见的错误言行都要注意避开，以免影响孩子的安全感。

第一种，“你是妈妈捡来的”

妈妈，我是从哪里来的呀？

你是妈妈从垃圾桶里捡来的。

乐乐妈妈小时候，姥姥也是这么跟她说的。乐乐听到妈妈这么说，黯然地坐在角落里，一声不吭。孩子为什么会提出这样的问题呢？她观察到妈妈经常把垃圾扔掉，因此非常担心自己也会被扔掉。孩子这么问，是想向妈妈求证，自己和妈妈的关系是非常特殊、非常宝贵的，无论发生什么事，妈妈都不会把自己扔掉。

Tips

妈妈随口回答“捡来的”，类似的回答还有“充话费送的”“从超市里买来的”，这样回答对孩子的安全感破坏极大。

当孩子问这个问题时，妈妈一定要把“妈妈特别爱你”这个意思表达出来，和孩子建立起最亲密的联结。口才好的妈妈可以说得文艺一些，性情直率的妈妈也可以一把抱起孩子说“宝贝，你当然是妈妈生出来的呀”，直接就能让孩子和妈妈之间建立起最亲密的联结。

第二种，“再不听话，妈妈不要你了”

“再不听话，妈妈不要你了”这种吓唬孩子的教育方式，一般都出自老一辈，为了让孩子听话，常常说一些能产生危机感的话语去恐吓孩子。这在当时是真的能对孩子产生一定的威慑力，但有效果的同时，也在孩子心理上留下极大的危机感，让其处在一种可能随时被妈妈抛弃的状态，心里忐忑不安。

NO 场景

孩子为什么会不听话？这是因为孩子开始探索世界了。由于孩子还没有具备系统的知识，表达的工具也很少，主要靠双手和嘴巴，这就注定了孩子的探索必然带有破坏性。一句“妈妈不要你了”，破坏力极大，能瞬间把孩子从快乐的顶峰打入万丈深渊。

孩子无法分辨妈妈说的是真话还是假话，这会让他非常担心。妈妈吓唬一句“不要你了”，孩子看上去变得听话了、变乖了，但他的安全感将从此变得不足。对于孩子的探索和不听话的行为，建议家长在保证孩子安全感的前提下善加引导。

第三种，经常变换看护人

楚楚出生后，妈妈请刘姨带孩子。刘姨和楚楚很亲，非常有经验，对楚楚的照顾也特别细心。孩子 6 个月大时，妈妈放心去上班了。刘姨把楚楚带到 1 岁半大，家里有事要回去。楚楚抱着刘姨不放，哭了很久。

妈妈只好又请了一个保姆，但只做了 3 个月，这个保姆也辞职回去了。妈妈前后又请了好几个保姆，走马灯似的换。楚楚上幼儿园以后，老师对妈妈说，楚楚经常一个人发呆，不跟小朋友玩，也不说话。妈妈赶紧带楚楚去检查，发现孩子患有轻度自闭症。

如果妈妈能一直陪伴孩子，对孩子的安全感建立是最有利的。由于现实的原因，很多妈妈必须去上班，不得不把孩子交给别人带，这样孩子就难以和妈妈建立安全型的依恋关系。如果有老人长期带孩子，孩子和老人之间建立亲密的联结也是可以的。

小课堂

如果没有老人能长期带孩子，妈妈可以跟单位商量，晚一点上班，早一点下班，增加陪伴时间。陪伴孩子时，多抚触，多亲密互动，提升陪伴品质，帮孩子建立牢固的安全感。如果单位规定不能早走，相反还要经常加班，建议妈妈换一个工作单位。钱可以慢慢挣，但孩子出现问题就麻烦了。

第四种，过度控制，限制孩子探索

顺顺是奶奶带大的。小时候，顺顺经常在地上爬，奶奶就把顺顺抱进小车里推着。顺顺慢慢长大，平时奶奶几乎寸步不离地跟着。

NO 场景

过度控制会剥夺孩子大量的探索机会。长期这样，会让孩子身体协调性差，反应不够敏捷，变得胆小，喜欢宅在家里，害怕和外界接触。这对孩子安全感的建立非常不利，对孩子今后的发展将产生很大的负面影响。

第五种，大人说话不算数

有些家长为了快速安抚孩子的情绪，会随便开“空头支票”，答应给孩子买这买那。等孩子要求兑现时，却又种种推辞，甚至挑剔孩子的毛病，这会让孩子对家长失去信任。

NO 场景

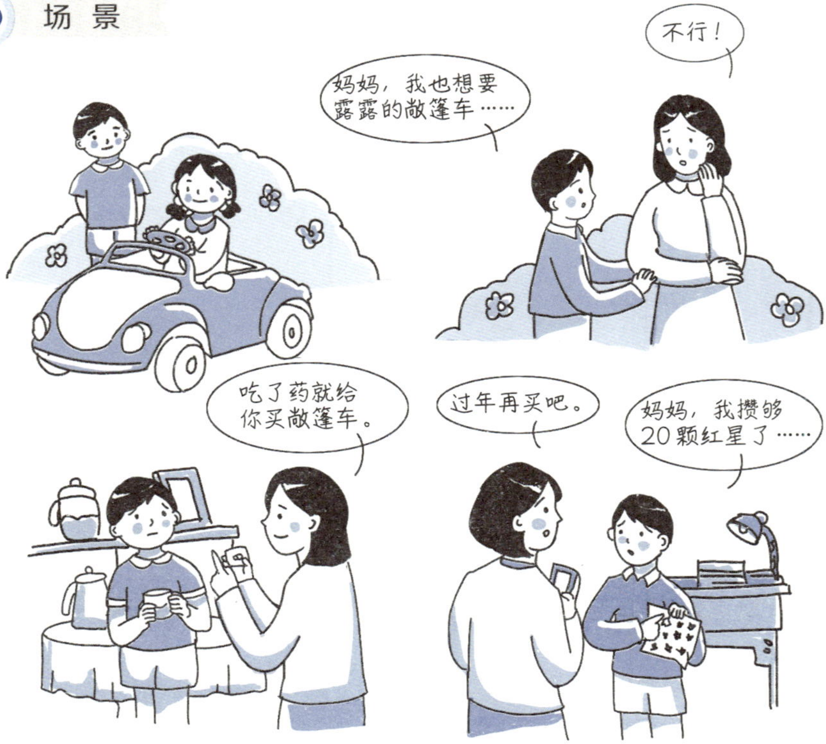

孩子对家长的承诺从来都特别看重。当家长说话不算数时，孩子无力要求家长兑现，只会认为家长不再那么可信了，会严重破坏孩子的安全感。

第六种，故意贬低孩子

很多家长有种奇怪的行为，当大家谈论孩子时，他会故意贬低自己的孩子，以显得低调和谦虚。但这样的行为对孩子伤害很大，因为孩子特别在意家长对自己的评价。

菲菲在区幼儿舞蹈比赛中获奖了。一家人都特别高兴，妈妈特地带菲菲去看望外婆报喜。

舅舅请了很多客人一起吃饭，大家都在表扬菲菲，妈妈却说

菲菲就是瞎跳，你们家孩子要是参赛，成绩肯定更好。

妈妈的对话中虽然有一些虚伪的自谦，但这很不适合孩子，反而会沉重打击孩子的自尊心，破坏孩子的安全感，使孩子对爸爸妈妈心生怨气，甚至放弃自己的喜好。

孩子在成长过程中很容易缺乏安全感，这需要家长注意自己的言辞，避免打击孩子。以上 6 种情况是家长尤其需要注意避免的。

第 3 节

打造和谐的家庭氛围，让孩子安心

- 倾听孩子
- 理解孩子
- 帮助孩子
- 引导孩子

导语

童年的安全感是孩子终身幸福的宝藏。孩子今后面对各种复杂局面能泰然处之，在人生成长的每一步都有取之不尽的宝藏，都得益于童年时期家长帮他建立起来的安全感。可以说，孩子童年时期安全感满满，今后的成长道路即便困难重重，在他眼里也只是云淡风轻。

如何让孩子拥有一个安全感满满的幸福童年呢？营造和谐亲密的家庭氛围是非常关键的，具体怎么做？

宁愿自己受伤，也绝不当着孩子的面吵架

对孩子来说，家长就是天和地，爸爸妈妈关系和谐了，一切都很美好。孩子认为爸爸妈妈很爱他、家里很温暖，就能开开心心地探索周围的世界。如果爸爸妈妈吵架，那对孩子来说就是天崩地裂。孩子会惶惶

不可终日，认为家没有了。那些和谐的家庭并不是条件多么优越，而是他们内心都特别希望家庭和睦、孩子幸福。这样的心态能有效抵御外界的风浪，而不会把怨气和不满撒到伴侣身上。

平时遇到问题，家长要一起协商，有争议的先放一放，意见一致的先做，这样能减少 80% 以上的家庭矛盾。如果能彼此宽容一些，家里矛盾就会少很多。万一彼此都不愿意宽容，非要争吵，怎么办？请家长微笑着跟孩子打个招呼，说爸爸妈妈出去办点事，然后到无人的地方大吵一架。什么时候情绪平静了，能够微笑面对了，就什么时候进家门。

每天夸一句，创造彼此欣赏的氛围

这点真的非常重要，我们特别需要鼓励。家长一定要学会彼此欣赏，让家里其乐融融，这样孩子会感到很放松，敢于探索。千万不要彼此较真，甚至彼此提防，那样气氛会很凝重，孩子也会很紧张，胆小怕事，没有安全感。

YES 场景

只要家长双方没有根本矛盾，可以设法创造彼此欣赏的家庭氛围。男人都好面子，妈妈可以先夸夸对方，把气氛暖和起来，孩子爸爸也会懂的。气氛一融洽，彼此的宽容度明显增大，一方所提的建议，另一方也比较容易支持，家庭氛围会越来越温暖。孩子感受到家长的爱、家庭的温暖，安全感充足，自然愿意主动探索。

一招搞定孩子爸爸

不少妈妈自信心不足，老是想翻看孩子爸爸的手机，找找有没有“蛛丝马迹”。这是很不好的习惯，会破坏双方的信任基础。妈妈最需要做的其实是把孩子爸爸的心留在家里，就像风筝一样，让孩子爸爸飞，妈妈拽好线盘就行了。

对孩子的批评要慎重再慎重

倾听孩子 >>>

孩子把小鱼缸打翻了，妈妈要温柔地问孩子想做什么。孩子可能会说想给小鱼换水，那妈妈就及时教孩子怎么换，而不用批评孩子。

理解孩子 >>>

孩子没耐心，画没画完就跑出去了，这时家长要问问孩子为什么跑出去，原来他是被外面小朋友的叫喊声吸引了。孩子想着可以回来再画，

要是不出去，小朋友就走了。这时候要理解孩子，跟孩子说好玩一会儿回来要继续画，再让孩子出去玩。

帮助孩子 >>>

孩子做事慢或者做错了、不听话时，不要张口就批评孩子，而要帮助孩子，观察他为什么出错，如何避免；至于做事慢，更不要批评，因为慢不是缺点，今后练习多了，自然就会快起来。

表达期望来引导孩子 >>>

孩子拿了小伙伴的玩具玩，而没有征求小伙伴的同意，妈妈要相信孩子只是太想玩了，没来得及征求小伙伴同意，那就带着孩子向小伙伴道个歉，并期望孩子下次要记得先征求小伙伴的同意。这个时候尤其不可给孩子贴“偷”“抢”这类标签。

Tips

如果妈妈遇到问题能像以上这么做，而不是张口就批评孩子，那么孩子一定会感受到妈妈平和而持久的爱，他的安全感就会越来越强，行为习惯一定会越来越棒，将来更容易做出一番成就。

第 4 节

黏人的孩子需要安全型亲子依恋

- 保护孩子的独立性
- 让孩子知道家长的爱
- 把自己要忙的事告诉孩子
- 用游戏进行渐进式分离
- 不要因孩子黏你而处罚他

导语

很多家长都提到过这样的事情：孩子 1 岁多的时候总喜欢黏着妈妈，只要妈妈在家，就会一直跟着。妈妈想要外出办事，孩子哭闹着要跟着去。遇到这样的情况，妈妈什么事都做不了，也不知道怎么办。因此，孩子黏人成了一件让家长头痛的事情。

孩子为什么会出现黏人的现象呢？有很多心理学家做过研究，其中，著名心理学家阿兰·斯格尔给出了一个解释。

>>>

1～2 岁是孩子出现黏人行为最明显的阶段。他们把妈妈或看护人看作是一个“安全基地”。当有安全需要时，就会返回妈妈或看护人身边。

所以，孩子爱黏人是出于孩子的安全需要。孩子黏人是一种正常的心理发展，也是对熟悉的亲人逐渐产生依恋情绪的表现。

Tips

这种安全型亲子依恋既让孩子得到心理满足，又会使他心情愉悦，健康快乐地成长。

为什么孩子的依恋对象常常是妈妈

在现实生活中，我们发现孩子的依恋对象常常是妈妈。这又是为什么呢？也有相关心理学家研究过。

>>>

奥地利动物习性学家劳伦兹在研究小鸭和小鹅的习性时发现，小鸭、小鹅通常将出生后第一眼看到的对象当作自己的母亲，并对其产生偏好和追随反应，这种现象叫做“母亲印刻”现象。

这在发展心理学上是一个非常有名的实验。人类也存在“母亲印刻期”，我们把它称为“母子依恋期”。

刚出生的孩子，就有凭借气味和说话声音找到妈妈的本能。孩子躺在妈妈身边就会有安全感，并且不哭不闹。

妈妈实际上是孩子与世界建立的第一个安全联系的人，而且孩子会通过妈妈对外界产生一种信任感。所以孩子在依恋期内，更喜欢选择妈妈作为依恋的对象。

小课堂

如果孩子在依恋期内可以获得足够的安全感，不仅可以在陌生的环境中克服焦虑的情绪和恐惧，还能积极地探索周围的新鲜事物，并且社交能力和认知能力都有发展。

所以，孩子早期安全感的建立，对其一生的身心健康发展和人格健全发展都有着非常重要的影响。

因此，特别建议妈妈亲自照顾孩子，不要交给老人带，尤其是孩子两三岁之前，这是建立亲子依恋的关键期，错过了，很难弥补，甚至终身难以补偿孩子这种缺失。

对于孩子的成长来说，妈妈的亲力亲为、充满爱心和富有责任心，将会对孩子的健康快乐成长产生积极的影响。相应地，妈妈也会收获孩子满满的爱作为回报。

对于孩子爱黏人这一正常现象，家长一定要正确认识，并积极帮助孩子顺利度过这一成长阶段，健康成长。

学会这 5 种方法，塑造孩子的安全感

1. 家长要保护孩子处于萌芽状态的独立性

孩子 1 岁后，独立意识开始萌芽，比如喜欢自己拿着勺子吃饭、不愿意被别人抱着、想要尝试自己走路等。他想做些力所能及的事情，这实际上是其自主性、独立性发展的倾向，是一个好的现象，也是成长的正常反应。

家长应当保护孩子的这种独立意识，及时给予孩子引导和鼓励，比如家长可以用言语、表情、动作等表现出对孩子独立性的肯定和赞许，可以经常夸赞孩子“哇！宝贝能自己吃饭了，真了不起啊”，或者给孩子一个大大的拥抱等，这样有助于孩子更勇敢、更独立地探索外部世界。

YES 场景

2. 要让孩子知道家长是爱他的

当孩子向家长发出各种求助信号时，比如渴了、饿了、害怕了，这时家长要充满爱意地及时回应孩子，满足孩子的心理需求。这会给他充足的心理营养。所以，家长平时要多拥抱孩子，也可以多亲吻孩子，经常和孩子说说话。

Tips

因为孩子需要被看见，经常和孩子玩亲子游戏，逗孩子开心，能让他感受到自己被爱包围着，也能让孩子对家长产生充分的信任感。

3. 把自己要忙的事告诉孩子

1 岁孩子能够听得懂家长经常说的一些简单话语。家长可以在离开孩子的时候向其解释一下正要忙的事。

YES 场景

孩子在家长耐心的话语中渐渐明白家长要做的事情，而家长确实做了自己所说的事，孩子发现家长言行一致，也会逐渐对家长产生信任感。

4. 用游戏方式进行渐进式分离

家长可以用一些孩子感兴趣的游戏来分散他的注意力，采取渐进式分离的方式减少孩子的黏人现象。

比如，可以先陪孩子一起玩他喜欢的游戏。当发现孩子可以把注意力集中在自己喜欢的游戏上时，家长可以说：

妈妈暂时离开一会儿，马上就会回来，好不好？

要注意的是，家长一定要让孩子知道你在哪里，不可以看到孩子正玩得开心就突然偷偷地走开，这样孩子会觉得非常没有安全感。在家长离开之前，一定要让孩子知道，并且征得他的同意。

5. 不要因为孩子总黏人而处罚他

有些家长脾气比较暴躁，当孩子黏他的时候，会感到十分不耐烦，认为孩子太不独立，认为孩子影响了他，便会用一些严厉的方法来批评孩子。这种做法是非常不可取的。

我们都知道，孩子总是喜欢黏着家长，说明他认为在家长身边才有安全感，而且感到很开心。如果因为这样而处罚他，就会让他对自己产生极大的怀疑，认为自己做错什么事情了，同时会缺乏安全感，从而影响其身心发展。

小课堂

面对孩子爱黏人的现象，家长要采用正确的教育方法，不要采用惩罚的教育方式，要用爱心、耐心，让孩子感受到家长无条件的爱，从而与孩子建立一种亲密的情感连接。

第 5 节

看懂孩子分离焦虑背后的不安

- 不要用错误的方式分离
- 不要把焦虑投射给孩子
- 先在家进行分离训练
- 让孩子体验负面情绪

导语

入园对孩子来说是一个极大的挑战。孩子将要离开亲人的呵护，独自去面对陌生的环境，且必须学会和他人相处。所有的一切都让孩子特别不适应，因此，孩子严重缺乏安全感，分离焦虑现象非常突出。

东东第一天上幼儿园，一路上都很不情愿，走一步，停一步，最后还是被妈妈“拖”到了幼儿园门口。临走时，妈妈跟东东告别：“东东，在幼儿园里要好好听老师的话。放学了，妈妈就来接你，要乖啊，拜拜。”

听到妈妈要走了，东东“哇”一下哭出来，
拽着妈妈的衣角哭喊

妈妈不要走，不要走！

（妈妈蹲下来抱了抱东东）幼儿园里有很多小朋友跟你一起，很好玩的。东东要乖啊。

可是东东一个劲地摇头，哭着不让妈妈走。妈妈只好狠心地把东东交给老师，起身离开，不敢回头看。

什么是分离焦虑

分离焦虑指孩子与亲人（通常是妈妈）产生亲密的情感连接后，又不得不与之分离时，孩子产生的不安、伤心、痛苦等情绪反应，出现拒绝分离的行为。

分离焦虑从孩子 6 个月左右就开始了，1 岁半左右达到高峰，并一直持续到孩子入园以后。孩子的安全感还没有建立，看到最亲近的人离开，孩子就会感觉紧张不安，非常害怕，特别担心妈妈不要自己了，从而非常抗拒和妈妈分开。

>>> 小课堂

要克服孩子的分离焦虑，最重要的是帮助孩子建立好安全感。孩子的安全感越强，分离焦虑的程度就越低，调整自己情绪的速度也越快；反之，安全感越低，孩子分离焦虑的程度越重，就越难以被安抚下来。

4 点建议，帮助孩子克服分离焦虑

1. 不要采用错误的分离方式

很多孩子听到妈妈道别就会大哭，妈妈只好不理睬孩子的哭声，狠心地走开。

跟孩子道别时，有些孩子会抱着妈妈不撒手。妈妈只好硬掰开孩子的手，然后离开。

很多妈妈上班离家时，不敢面对孩子的分离焦虑，常常会趁孩子不注意或睡觉时偷偷离开。有些是把孩子单独隔离到另一个地方，让老人带，不让孩子看见，然后趁机走开，以避免面对当面离开时孩子的哭闹。

NO 场景

以上做法都会让孩子非常不安。他不知道妈妈会在什么时候突然消失，会严重破坏孩子的安全感。至于硬掰开孩子的手指离开，更会让孩子担心“妈妈不要我了”，对安全感的破坏也极为严重。

2. 建议妈妈经常在家进行一些分离训练

玲玲妈是从事文字工作的，能一直在家带娃。面对分离焦虑，她是这么做的。

YES 场景

怎么才过了3分钟，玲玲会不会哭啊。
妈妈抱！
宝贝不哭，妈妈回来啦。
今天妈妈要出门15分钟，宝贝在家要乖哦。
看来她逐渐适应短暂离开我了。
今天玲玲很乖，一会儿就不哭了。

经过一段时间的训练，玲玲已经能坦然接受妈妈出去大半天的事实。如果平时带娃时间长的是老人，也要有意识地进行类似训练，以便让孩子适应这种分离。

很多妈妈认为不必要折腾，但这不是折腾，这种训练能在不破坏孩子安全感的前提下，让孩子适应和最亲的人分离一段时间，是解决孩子分离焦虑最有效的方法。

3. 家长不要把自己的焦虑投射到孩子身上

很多时候不是孩子不能面对分离，而是我们身为家长不愿意面对分离，焦虑的其实是我们自己。一些妈妈跟孩子道别时，抱着孩子不愿意撒手。孩子感受到家长的焦虑，也会变得不安，并表现出焦虑。因此，家长要先处理好自己的分离焦虑。

妈妈跟孩子道别时，可以微笑着开心地对孩子说：

妈妈上班去了，下班回来就能见到宝宝了。
回来给宝宝带好吃的，回来陪宝宝玩呦。

同时观察孩子的反应，如果孩子情绪很平静，妈妈就挥挥手离开，这样孩子也就能够平静地面对分离。

4. 允许孩子体验负面情绪

家长都希望孩子的童年无忧无虑、快快乐乐，在成长过程中更多地感受到爱、愉悦、开心和幸福，并有意识地避免孩子经历各种负面情绪。然而既有风和日丽，就有风霜雨雪，经历亲子冲突、体验负面情绪也是孩子成长过程中不可避免的一部分，这会让孩子变得更坚强。

如果孩子面对分离时表现出焦虑，哭闹、发脾气，家里其他抚养人要给予积极的共情、陪伴，拥抱并安抚孩子。

宝宝不想让妈妈走，是吧？妈妈下班就回来陪宝宝了，还会给宝宝带好吃的、好玩的。

不要否定孩子的情绪，也不夸大。其他抚养人（比如老人）要陪伴并告诉孩子，爸爸妈妈都很爱他，下班回来就陪他，然后用玩具等来分散孩子的注意力，孩子就会慢慢平静下来。

小课堂

家长要帮助孩子逐步学习并掌握与负面情绪好好相处的能力，这会让孩子的安全感更强大，今后遇到更复杂、更艰难的事情，也能坚强地面对，而不至于崩溃、沮丧。

我的 从容养育

学会培养安全感的亲子游戏

孩子在和家长玩游戏时，身心非常放松、精神非常愉悦，这对培养孩子的安全感大有好处，因此建议家长经常带孩子一起玩。话不多说，下面直接分享实用的亲子游戏，利于培养孩子的安全感。

游戏一 捉迷藏

捉迷藏是最经典的游戏之一，全世界的小朋友都爱玩。

小宝宝几个月大就很喜欢玩这个游戏。游戏道具很简单，只需要一个床单。妈妈用床单蒙住脸部，不断地躲藏、出现、

躲藏、出现……这能让宝宝咯咯地笑个不停，而且乐此不疲。

宝宝稍微大一些，既喜欢找妈妈，也喜欢藏起来让妈妈找。开始时，他可能只是简单地用被单盖住脑袋，把屁股撅得高高的，说“藏好了”，妈妈要假装很认真地寻找孩子，好不容易才找到，这样孩子才更加有成就感和乐趣。

Tips

捉迷藏游戏让宝宝明白“客体永久性”。妈妈藏起来后，虽然宝宝暂时看不见妈妈了，但妈妈并没有消失，他明白妈妈过一会儿还会再出现。

懂得这点，对孩子建立安全感非常重要。尤其是面对分离焦虑时，妈妈跟孩子讲清楚什么时间回来，到时间就真的回来了，会让孩子心里感到踏实，不再担心妈妈不要自己了。

划重点

妈妈要注意，类似衣柜、各种缝隙等并不适合玩捉迷藏游戏，要让孩子爸爸适当处理一下以保证安全。

游戏二 骑马游戏

孩子骑在家长身上，手持塑料宝剑，在家里到处巡视，如过关斩将或是发号施令。

家长可以将沙发垫、抱枕等物品放地上作为障碍物，在墙上粘一些彩色气球让孩子去打落，以增加游戏的难度和趣味性；还可以设计一些彩灯音响，这样孩子挥剑时彩灯会闪光，并发出好听的音乐声，效果更好。

划重点

游戏道具别设置在吊灯附近，以免孩子把灯打下来，造成危险。

游戏中要注意让孩子坐稳。要是让孩子摔跤了，他会觉得爸爸妈妈很不靠谱，反而会影响孩子的安全感。

玩骑马游戏很累人，用流行的话说是很“费妈”，建议让孩子爸爸来当马，孩子爸爸体力更好些。

Tips

骑马游戏对提升孩子的安全感非常有好处。在游戏中，孩子和家长亲密接触，共同完成任务，会让孩子对家长的爱有深刻感受，也能极大地提升孩子的自信心和自豪感。

游戏三 蒙眼游戏

家长从背后用手蒙住孩子的眼睛，让孩子猜猜是谁。或者让孩子闭上眼睛，家长抱起孩子，让他猜猜是谁。

Tips

蒙眼游戏非常有利于建立孩子和家长之间的联结。经常出差的家长可以多和孩子玩这个游戏。

如果孩子故意猜错，说明家长和孩子之间的联结有所松动。家长可以很夸张地请孩子再猜一次，但要注意多创造机会，多和孩子亲密互动，以增强孩子的安全感。

游戏四 “停走停”游戏

这个游戏把孩子不愿意做的事变成一件非常有趣的事，把事情的控制权交给孩子。孩子的情绪一下子放松下来，不仅愿意配合，而且掌控感十足，可以从中感受到爸爸妈妈对自己的爱，因此非常有利于巩固孩子的安全感。

比如，妈妈带孩子收拾房间，孩子想偷懒，不愿意，这时候可以一起玩“停走停”游戏。妈妈正带孩子收拾，孩子说“停”，妈妈和孩子就像被冻住一样一动不动；当孩子说“走”的时候，才能继续收拾；当孩子说“停”时，又要被“冻住”，停下不动。

家长要注意的是，玩这个游戏时孩子有可能会恶作剧，不断喊“停”喊“走”，这就特别考验家长的耐心。即便如此，家长也要以最大的爱心和耐心陪孩子玩。知道爸爸妈妈这么爱自己，孩子自然会主动去完成家长希望他做的事。

Tips

这个游戏对于培养孩子的好习惯、建立新规矩，都是特别好的。它通过有趣的方法，在不影响孩子安全感的前提下，让其快速学习和适应新的习惯及要求。

游戏五 “气球怪”游戏

家长用胶带将多只气球粘在身上，再将上衣套在头上，装扮成“气球怪”，迈着笨拙、缓慢的步伐去追赶孩子，嘴里嚷嚷着要抓住他。孩子则灵活地跑到“气球怪”身后，把气球扯下来。每扯下一只气球，“气球怪”就叫一声。当气球被孩子扯完，“气球怪”（家长）就被打败了。

划重点

孩子对未知的东西容易产生恐惧感。通过打败“气球怪”，能极大地增强孩子面对未知事物的勇气，对增强其自信心和掌控感非常有好处。

游戏六 角色互换游戏

家长扮演孩子，套上孩子的小衣服，或是戴上孩子的帽子；孩子则扮演大人，要照顾由家长扮演的孩子。家长扮演的假孩子表现出各种淘气、不听话，要好吃的、要大玩具、撒娇等。孩子扮演的假大人必须把由家长扮演的假孩子安抚好，才算成功。

家长要注意，有些孩子会恶作剧，过来打家长的屁股，说“让你不听话”。这个时候，家长要忍住脾气，不能撕下面具凶孩子，否则游戏就失去意义了。

Tips

这个游戏有利于孩子理解家长的辛劳，更深入感知家长对自己的爱，也可以让孩子有很强的掌控感，提升孩子的安全感。

由于游戏时需要使用语言和动作进行安抚，这对提升孩子的情商和锻炼孩子的社交能力都非常有好处。